U0532659

国家大学生学情调查研究　Research on National College Student Survey

丛书主编　史秋衡

大学生学习模式研究

A Study of College Students' Learning Patterns

杨　院　著

厦门大学出版社
XIAMEN UNIVERSITY PRESS
国家一级出版社
全国百佳图书出版单位

图书在版编目（CIP）数据

大学生学习模式研究 / 杨院著. -- 厦门 : 厦门大学出版社，2025.3. -- （国家大学生学情调查研究 / 史秋衡主编）. -- ISBN 978-7-5615-9706-4

Ⅰ. G642.46

中国国家版本馆 CIP 数据核字第 202542A9V7 号

责任编辑	曾妍妍
美术编辑	李夏凌
技术编辑	朱　楷

出版发行　**厦门大学出版社**
社　　址　厦门市软件园二期望海路 39 号
邮政编码　361008
总　　机　0592-2181111　0592-2181406（传真）
营销中心　0592-2184458　0592-2181365
网　　址　http://www.xmupress.com
邮　　箱　xmup@xmupress.com
印　　刷　厦门集大印刷有限公司

开本　720 mm×1 020 mm　1/16
印张　10.25
插页　2
字数　168 千字
版次　2025 年 3 月第 1 版
印次　2025 年 3 月第 1 次印刷
定价　48.00 元

本书如有印装质量问题请直接寄承印厂调换

厦门大学出版社
微信二维码

厦门大学出版社
微博二维码

总　序

　　国家的未来在人才,人才培养质量是高等教育发展的永恒主题和生命线。虽然高等教育质量是一个复杂的概念,但毋庸置疑,高等教育质量建基于"学生"这一人才培养主体。国际高等教育质量观曾经将声誉和资源作为最主要的评价标准,但最终回归到了强调学生主体质量提升这一核心议题上来,其内涵包括学业挑战度、学生能力建构、学生成功等话题,甚至超越这些话题。因为学生才是高等教育质量的生成主体,理所当然地也是高等教育质量体现的主体。

　　在美国高等教育院校认证模式中,新的认证原则要求关注学生在校期间的学习体验;在英国的院校审计模式中,强调院校应当采取严格的手段提升学生的学习质量;在我国的审核评估模式中,学生发展被列为评估的一级指标。以学生为主体的高等教育质量评估实践存在不同的表现形式。一方面,学生可以作为"质量承载者"对学习结果进行评估,比如学生学业挑战度测评、学习成果测评、学生满意度测评;另一方面,学生也可以作为"质量体验者"对学习过程进行感知,比如学习方式养成、学习投入度调查、学生能力建构。

　　从强调以学生为主体的高等教育质量评估理念,到注重以学生为主体的高等教育质量评估实践,这一转化过程中存在着知与行之间的鸿沟,而大数据分析则是填补这一鸿沟的利器。在世界范围内兴起的大学生学习调查,如美国的"大学生学习投入度调查"(NSSE)、英国的"大学生调查"(NSS)、澳大利亚的"大学生课堂体验调查"(CEQ)、中国的"国家大学生学情调查"(NCSS),都体现了一种基于大数据的循证管理。所谓大数据,强调的是全面数据、完整数据与系统数据,据此考察数据之间的关系并发现未知的规律。① 循证管理包含用大数据说话,但不仅仅指用大数据说话。在循证中,研究证据观强调在决策及实践中以最佳的科学研究证据为基础;研究证据与个体体验证据结合观则强调利用个体体验判断对研究证据进行搜寻、记录、批判性评价以指导决策;多重证据观在以上观点基础上又将具体情境证据和利益相关者的偏好纳入证据中。② 也就是说,在获得数据及把握其因果关系的基础上,还应该结合具体情况很好地解读数据。大数据和循证管理两者相辅相成,缺一不可。

本人在《全球教育评价研究报告》书评中归纳了促进学生成长是全球教育评价改革的根本目的这一规律性的结论。③ 遵循以学生为主体的理念,以探寻大数据发展规律为手段和方式,这是国际高等教育质量评估的新趋势。作为世界高等教育大国,中国在21世纪也做出了高等教育评估范式的战略转型。2010年,国家社会科学基金"十一五"规划教育学重点课题"大学生学习情况调查研究"(课题批准号:AIA100007)面向全国公开招标,本人有幸成为课题的首席专家和主持人。依托此国家重点课题,课题组根据国内外大学生学习与人才培养的相关理论、调查方案设计和实践进展,科学严谨地编制了具有自主知识产权的本土化的国家大学生学情调查问卷及研究方案。在众多协作校的大力支持下,本人领导的课题组对全国大学生进行了每年定期抽样调查,建立了连续11年调查形成的大型的、结构化的国家大学生学情调查数据库(NCSS),还先后开展了巴基斯坦、文莱和英国的大学生学情调查或联合调查。同时,课题组在这一数据库的基础上,围绕大学生学情的整体状态、重要专题、规律规则开展了深入的分析和全面的研究,并形成了宝贵的研究成果,现集结成本丛书出版。

"国家大学生学情调查研究"丛书是在整体研究、重要专题和规律规则研究成果的基础上进一步修改完善而成的。研究总报告将按课题立项设计,整

---

① 舍恩伯格,库克耶.大数据时代:生活、工作与思维的大变革[M].盛杨燕,周涛,译.杭州:浙江人民出版社,2013:V.

② 颜士梅,梅丽珍.循证管理中"证据"的内涵及测量[J].软科学,2012,26(11):48-52,62.

③ 史秋衡.促进学生成长是教育评价改革的根本目的:《全球教育评价研究报告》书评[J].中国考试,2024(7):103.

体把握国家大学生学情状态的基本特征、重要规律、重大问题与解读要点。大学生学习信念专题重点厘清大学生学习信念的多维系统结构，找出其基本要素，探寻我国大学生学习信念的多样化特征及影响机制，研究大学生学习信念在学习过程中如何发挥价值支持与动力支撑的作用，以及如何决定着学习的总体方向。大学生学习方式专题在集合前期研究基础上设计调研方案，有效解读我国大学生学习方式现状，并重点分析学习观和课堂学习环境如何对学习方式产生重要影响。大学生学校适应专题探寻多维结构基础上的系统适应特点，把握不同阶段的动态过程，并探讨校园压力和校园活动对大学生学校适应的重要影响机制。大学生学习满意度专题采用学生参与理论对大学生在大学学习中所扮演的角色进行描述，并在此基础上结合大学学习过程的要素理论，分析大学生总体学习满意度的特征及其重要性，剖析大学生学习满意度的内部结构，并从个人发展、群体收获、项目管理和制度建设等层面构建大学生学习满意度评价的逻辑模型。大学生学习成果专题从通识教育、专业教育和软技能学习成果三个维度，考察我国大学生学习成果的基本情况，探讨影响大学生学习成果的因素及其相互关系，分析我国大学生学习成果的形成机制。大学生学习投入度专题测量我国大学生学习投入度总体水平，分析大学生学习投入度对学习成果的作用方式与影响途径，研究改善学习成果的方式方法。大学生人际交往对学习力影响研究以哈贝马斯的交往理论、社会建构主义理论等相关理论为依据，考察大学生学习力的维度、结构以及人际关系对大学生学习力的影响方式，分析人际交往对不同群体大学生学习力各维度的影响特征。

丛书具有"顶天""立地"两大鲜明特点。"顶天"主要体现在两个方面：一方面，丛书研究成果建基于相关研究的国际前沿，与国际大学生学情调查和人才培养质量的研究焦点、研究成果以及评估范式接轨；另一方面，丛书是国家社科基金教育学重点课题立项成果，研究成果致力于为有效提升高校人才培养质量提供重大对策和建议。"立地"也体现在两个方面：一方面，丛书从大学生主体的视角出发，以国家大学生学情调查研究数据库为支撑，在对全国大学生学习情况调查的基础上形成实证研究成果，注重与大学生和协作校进行交互印证，从而保证了研究成果的客观性和准确性，有助于课题协作校的稳步发展和全国高校人才培养质量的有效提升；另一方面，丛书在总报告、研究专题和相关博士学位论文的基础上修改完善而成，有着扎实的理论基础、严谨的研究方法、浓厚的学理性和原创的研究结论。

　　基于上述"顶天""立地"的特点，丛书的出版必将极大地充实我国大学生学情研究，推进我国高等教育理论的成熟与完善。同时，丛书的出版也将为我们找准全面提高高等教育质量的抓手，丰富课程与教学论、高等教育学理论，推进高校人才培养模式的改革与实践，加快我国从高等教育大国向高等教育强国迈进贡献一份力量。

　　是为序。

史秋衡

2025年2月24日

前　言

教育强国建设,高等教育是龙头,高等教育的重要地位不言而喻。持续提升高等教育质量是推进高质量发展及中国式现代化的重要支撑。大学生在高等教育系统中处于主体地位,大学生的培养质量直接决定高等教育质量,探究提升大学生培养质量的路径至关重要。大学生培养质量的提升既要依托于高质量高等教育体系的建设,也要依靠学生自身的学习活动与学习实践,在大学生培养质量形成及提升过程中,高等教育体系与学生自身的学习实践是交互整合的。本书立足于内外交互的视角,以大学生学习模式为主题,探究高等教育质量提升的解决之道。

高等教育属于专业教育范畴,专业教育制度体系及人才培养模式为学生学习提供了现实基础和实践框架,学生主体的学习实践是专业教育模式的现实体现,同时也是学生自主的学习实践建构。从高校人才培养职能以及专业教育模式角度审视本科教育质量是一种自上而下的视角,而从学生自身学习方式及学习投入角度审视则侧重于一种自下而上的视角,实际上自上而下以及自下而上都是一种分析或审视视角,现实中高校的育人体系与学生主体之间交互整合的过程中生成了学生的学习实践模式或者学习模式,进而形成相应的学习收获。所以,提升学生的学习收获既需要开展高校专业育人体系的变革,又要发挥学生的学习主体性,但是偏废一方仍然无法实现育人质量的生成以及提升,而是要促进二者的交互整合,在整合的进程中生成学习模式,形成学习收获,实现育人质量的不断提升。当然学习模式的形成并非一蹴而就的,而是贯穿于大学生的整个学业过程,通过调整及优化大学生学习模式才能有效实现育人质量的不断提升。

　　基于以上理论视角以及学理明辨的原则，本书应用问卷调查法和访谈法相结合开展研究。实践中，学生自身的学习信念、学习投入以及对学校环境的满意度等共同整合形成特定的学习模式。基于学习信念、学习投入以及对学校环境感知的差异等，形成学习模式；不同的学习模式类型又相应地生成不同的学习收获。进一步深入挖掘发现，学习模式各构成要素对学习收获不同的范畴具有不同的影响。在学习模式的各构成要素中，学习投入对学习收获的影响较大，并且其中合作学习对学习收获的影响最大。通过访谈研究将抽象的学习模式构成要素的因子及变量转化为具体的实践活动，学生依托丰富的教育资源展开不同形式的学习活动。随着社会环境的变化及教育资源的不断丰富，学生学习模式具有更为丰富的内涵和边界，以学生学习模式为切入点提升学生的学习质量，既要从学校专业教育的理念和体系设计上下功夫，以夯实理论基础、开拓理论思路及强化实践能力为关键点，革新专业教育的理念及培养体系，同时更要充分利用大学生学习过程规律，在外部学习指导与学生自我效能等双重作用下，不断强化和激发学生的学习主体性，拓展促进学生合作学习及交流互动的场域及空间，从物质、制度和文化氛围等维度打造良好的学校育人环境。此外，随着生成式人工智能（GAI）、VR虚拟空间等智能技术的迅速发展，逐步形成了与现实的学校场域并行不悖的网络虚拟学习空间，因此，必须充分利用网络资源及数字教育资源以促进高等教育质量提升。

目 录

第一章 绪 论 …………………………………………………………… 1
 第一节 探究大学生学习模式是高等教育高质量发展的应有之义 …… 1
 第二节 从学习信念、学习投入到学习模式和学习收获 ……………… 7
 第三节 多学科视域下的学生学习理论研究进展 …………………… 12
 第四节 大学生学习模式研究设计 …………………………………… 27

第二章 大学生学习模式是主客二元交互的结果 ………………………… 35
 第一节 学习模式是大学生主体性的活动外显 ……………………… 35
 第二节 培养体系是大学生学习模式形成的现实支撑 ……………… 41
 第三节 大学生学习模式通向于学习收获的现实生成 ……………… 49

第三章 大学生学习模式构成要素的基本特征及差异分析 ……………… 58
 第一节 大学生学习模式构成要素的基本特征分析 ………………… 58
 第二节 人口统计变量下学习模式构成要素差异分析 ……………… 63
 第三节 院校特征变量下学习模式构成要素差异分析 ……………… 75

第四章 大学生学习模式对学习收获的影响机制分析 …………………… 93
 第一节 大学生学习模式的类型识别及特征分析 …………………… 93
 第二节 学习模式构成因子之间的相关性及影响分析 ……………… 98
 第三节 学习模式构成因子对学习收获的影响分析 ………………… 101

第四节　量化分析结论的验证性访谈 …………………………… 107

第五章　研究结论与研究建议 ……………………………………… 125
　　第一节　研究结论 …………………………………………………… 125
　　第二节　研究建议 …………………………………………………… 134

附　录 …………………………………………………………………… 146
　　附录一　访谈提纲 …………………………………………………… 146
　　附录二　访谈对象简况表 …………………………………………… 147

参考文献 ………………………………………………………………… 148

后　记 …………………………………………………………………… 154

第一章

绪　论

第一节　探究大学生学习模式是高等教育高质量发展的应有之义

大学生在高等教育系统中处于主体地位,探究作为大学生学习过程核心的学习模式具有至关重要的意义,大学生学习模式直接决定着大学生学习质量,决定着高等教育质量。我国高等教育已步入内涵式发展阶段,因此,从大学生学习模式的角度探究如何提升高等教育质量具有重要的理论意义和实践意义。

一、研究缘起

提高质量是高等教育内涵式发展的核心。推动高等教育内涵式发展,建设高质量教育体系以及教育科技人才一体化发展等均指向于教育质量的不断提升。新形势下高等教育的发展方向是提升质量,或者说提升高等教育质量已经成为我国高等教育发展的核心任务。从人才培养的话语体系以及具体培养活动等来看,大学生学习是提升高等教育质量的核心切入点。

（一）推动高等教育内涵式发展是新形势下高等教育的发展方向

从国家顶层高等教育指导方针来看,全面提升高等教育质量已经成为我国高等教育发展的重心。党的十八大报告强调,推动高等教育内涵式发展。这进一步明确了新形势下高等教育的发展方向。党的十九大报告提出,中国特色社会主义进入了新时代,我国社会主要矛盾已经转化为人民日益增长的美好生活需要和不平衡不充分的发展之间的矛盾。满足人民群众对优质高等教育的需求要求全面提升高等教育质量。党的二十大报告提出,"加强基础学科、新兴学科、交叉学科建设,加快建设中国特色、世界一流的大学和优势学科"。大学和学科是高等教育的核心载体,一流大学和一流学科建设旨在推进高等教育质量提升。从我国高等教育发展的现实阶段来看,提高质量也是我们的必然选择。提高质量是世界各国进入高等教育大众化阶段后面临的共同问题,也是我国高等教育发展的必由之路。依据美国著名的教育社会学家马丁·特罗的高等教育发展三阶段论,自1977年恢复高考,我国高等教育发展经历了高等教育精英化阶段、高等教育大众化阶段,现已步入高等教育普及化阶段。在高等教育大众化的前十年,高等教育发展重心是规模扩张,对高校办学质量的分类管理开始初步探索。2013年我国高等教育毛入学率达到34.5%,我国高等教育进入后大众化时代。[①] 2022年,我国高等教育毛入学率达到59.6%。[②] 这意味着我国进入了高等教育普及化阶段。高等教育发展重心从以规模扩张和空间扩展为特征的外延式发展转向以质量提高和结构优化为核心的内涵式发展,从而更加重视对高校办学质量的探索和提升。

(二)学生的学习行为及投入是高等教育质量提升的关键

高等教育质量的形成、保障以及提升具有其内在的理论规律与外在的实践逻辑。国内外理论界对高等教育质量形成的理论规律的探索不可谓不丰富,从政策视角、培养体系及方案视角、主体学习过程视角、教学互动视角、物力资源及条件视角,以及各个维度整合而形成的框架及模型等多视角、多维度开展了系统的研究。

---

① 张男星,桂庆平.后大众化时代,如何理解高等教育公平:访全国人大教科文卫委员会委员顾海良[J].大学(研究版),2015(1):4-13.
② 2022年全国教育事业发展统计公报[EB/OL].(2023-07-05)[2024-07-15].http://www.moe.gov.cn/jyb_sjzl/sjzl_fztjgb/202307/t20230705_1067278.html.

科尔曼(J.S. Coleman)等人在1966年出版的《教育机会均等》中研究发现,课程支持、师资情况以及硬件条件等学校投入要素在决定学生学习成就上没有起到重要作用。[①] 与此同时,关于大学生学习成果、成效及成就的影响因素及影响模型的探索不断推进。泰勒(Tyler)的任务时间(time on task)理论、佩斯(Pace)的努力质量(quality of effort)理论、阿斯汀(Austin)的I-E-O(Input-Environment-Outcome)理论、汀托(Tinto)的社会与学术整合(social and academic integration)理论、帕斯卡雷拉(Pascarella)的变化评定模型(general model for assessing change)理论、比格斯(Biggs)的PPP模型(Presage、Process、Product)理论、乔治·库(George D.Kuh)的学习性投入(student engagement)理论等,从学生已有的知识基础、学生的个性特点、学生的学习行为、学生的课堂体验、学生之间以及师生之间的交流互动等多个维度以及各个维度多重变量之间的关系探究了学生与学校之间的多重交互对学生最终的学习收获和成效的影响。不论是上述模型本身的构建逻辑和思路,还是基于上述模型所开展的大量的实证研究,均将学生自身的相关变量和因素作为影响学生学习收获的关键因素和核心因素。具体而言,学校提供的各种环境因素,包括课程支持、教师教学以及各种硬件条件的优化等会对学生学习收获及成效产生影响,但是这种影响需要以学生自身的学习行为及投入作为中介才能发挥作用。从各相关变量和要素对学生学校收获影响的大小而言,大学生自身的学习行为和学习投入对其学习收获和成效的影响是最大的。所以说,从理论规律的探索和发现可以看出,大学生自身的学习行为和学习投入是影响大学生学习收获的关键,也是决定高等教育质量形成和不断提升的关键所在。

(三)学生的学习收获和成效是高等教育质量提升的最终落脚点

高等教育质量既是一个概念,也是一种实践体现,作为概念的质量偏重于一种价值判断和理论界定。价值判断具有主体性,不同主体具有不同的价值判断,具有不同的高等教育质量观;理论界定则是一种思维活动,不同思考维

---

① 周廷勇,周作宇.高校学生发展影响因素的探索性研究[J].复旦教育论坛,2012(3):48-55,86.

度、不同思路会形成不同的界定结论,表现为内涵及外延的差异。然而,不论是价值判断还是理论界定,均属于主体的意识活动,并不是现实的质量本身,或者说并没有形成实践中的高等教育质量。要将作为理论界定和价值判断的高等教育质量转化为实践成果的高等教育质量需要通过高等教育实践和高等教育活动才能实现。

这就涉及作为意识活动的高等教育转化为现实的高等教育质量成果,高等教育活动的开展在其中发挥的重要作用。作为高等教育组织的高等学校是落实高等教育功能,将高等教育从意识活动转化为现实质量成果的核心载体。高等学校具有人才培养、发展科研及直接服务社会等多重社会职能,其中人才培养是核心职能,而人才培养的落实则体现为学生的学习收获和成效。然而,在现实中却存在着将抽象的人才培养转化为具体的人才培养实践的脱节及僵化单一等问题。实际上,我国不少高校对培养人才职能存在严重误解,将培养人才等同于教学活动,教学活动等同于课堂教学活动,课堂教学活动等同于课堂教的活动,导致了培养人才就要强调课堂教学等一系列偷换概念现象的产生。[①] 所以,在现实中,要将作为价值判断和理论界定的高等教育质量转化为高校的社会职能,再转化为高校的人才培养职能,并落实到现实的学生学习收获和成效是一个从抽象到具体的过程,是一个从观念到现实的过程,也是一个从宏观到微观的过程,更是一个从国家战略到学生主体成长成才的过程。在诸多的转化过程中,学生的学习收获和成效是最终的聚集点,学生的学习收获和成效是高等教育质量提升的最终落脚点。

二、研究意义

研究以大学生学习模式为主题,探索学习模式的形成以及学习模式对学习收获的影响机制,具有重要的理论意义和实践价值。

---

① 史秋衡,郭建鹏.我国大学生学情状态与影响机制的实证分析[J].教育研究,2012(2):109-121.

（一）理论意义

大学生的学习过程、学习行为、学习投入、学习模式、学习收获等是学习理论的核心内容，也是高等教育理论体系所关注的核心内容。因此，大学生学习模式的研究对于学习过程理论的丰富具有重要意义，并且，大学生学习模式的研究对于拓展我国高校课程与教学理论体系及话语体系具有重要的意义和价值。

第一，大学生学习行为、学习投入及学习模式的研究对于学习过程理论的丰富具有重要意义。从经验主义到理性主义，从行为主义到人本主义，从认知主体到建构主义，从浅层学习到深度学习，以及最新的关于具身认知理论的探索等，学习理论不断地创新发展。大学生的学习活动具有一般的学习活动的特点，内隐着已发现的学习理论和认知规律；同时，大学生学习活动具有类型及内容乃至时空的独特性，必然具有自身的独特理论体系。大学生属于高等教育、专业教育的主体，高等教育及专业教育具有"高""深""专"等属性，大学生主体自身的身心也具有与其他年龄阶段群体不同的特点。这对于拓展大学生学习过程及学习质量形成理论具有重要意义和价值。

第二，大学生学习行为、学习投入和学习模式的研究对于拓展我国高校课程与教学理论及话语体系具有重要的意义和价值。大学生学习行为及投入是抽象的，对大学生学习质量乃至高等教育质量具有重要影响，探究大学生学习行为及投入对于丰富高等教育质量理论具有重要的意义和价值。同时，大学生学习行为又是具体的，是一种实践活动，具体的学习行为组合形成学习模式，不论是学习行为还是由系列学习行为组合而成的学习模式都属于高校课程教学活动的核心组成部分，这又属于课程与教学理论的重要研究和探讨范畴。而在现实中，课程与教学理论的研究对象主要为中小学等基础教育，原因在于教育学理论的探讨主要起源于基础教育，作为教育学理论体系重要分支的课程与教学论的研究对象也主要聚焦于基础教育，而对专业教育特别是高等教育课程教学活动的关注及研究较少。另外，高等教育学理论体系的探索和构建中，又存在重点偏上的问题，主要聚焦于高等教育政策、高等教育领导及管理体制、学科及学位体系，等等。这就导致了对高等学校课程与教学活动的系统和深入研究较为缺乏,高等学校的课程教学活动更多地处于经验层面,缺乏系统的理论指导。而本书研究的大学生学习行为及学习模式等正属于课程与教学活动的范畴,探索大学生学习行为及模式对丰富和充实高校课程与教学理论具有重要的意义。

(二)实践意义

学校为学生提供的课程支持、硬件条件等各种环境支撑,这些支撑对大学生学习收获和成效的影响需要以大学生的学习行为作为中介,同时大学生学习行为也直接影响着大学生学习收获和成效,进而影响着大学生的学习质量乃至整个高等教育质量。大学生学习模式及其形成模式对大学生学习收获的影响机制的探究具有重要的实践价值。

第一,有助于厘清我国大学生学习模式的类型及特点,为政策制定提供现实依据。大学生学习模式是系列学习行为共同组合而成的,大学生学习行为既是大学生的主体活动和主体选择,也是特定教育教学环境、特定考试及评价制度下的产物。换言之,大学生学习模式是主体与环境交互的结果。本书以我国大学生为研究对象,着手获取我国大学生学习模式的第一手资料,以大学生学习模式为研究内容,采用实证调查工具,依据科学的抽样方法,对我国大学生学习模式的真实状态进行分析,并采用相关统计方法对数据进行处理,从而描述出我国大学生学习模式的基本特征,进而分析大学生学习模式的真实状态。这有助于掌握我国大学生的学情状态,既为开展大学生学习的理论研究提供了现实基础,也为国家教育主管部门制定相关政策提供基础,进而为提升大学生学习质量以及高等教育质量提供现实依据和基础。

第二,为建设世界一流大学和一流学科寻求新的切入点。一流大学和一流学科的建设是我国高等教育体系建设以及质量提升的重要途径和载体,一流大学和一流学科建设的出发点和落脚点都是人才培养质量,都需要通过学生学习收获的提升来推进和实现。把我国的大学建设成为世界一流大学是我国政府和社会的共同心愿,并且为此做出了诸多的努力。"211 工程"和"985 工程"实施的目标就在于不断提高我国大学的水平,使我国一些大学成为世界一流大学。2017 年,教育部、财政部及发改委共同印发《统筹推进世界一流大学和一流学科建设实施办法(暂行)》,而后教育部通过"双一流"建设统筹"211工程"和"985工程"项目,推进我国一流大学和一流学科的建设。"双一流"的建设核心目的在于通过育人平台的打造和优化促进学生的学习和成长,提升学生的学习收获和学习质量。学生的学习不仅仅是知识层面的内容,还要包括价值观、社会责任感、实践能力等综合素养。综合素养的形成又需要在教育体系和教育场域下,学生通过各类学习实践和学习行为而形成。本书从学生的学习行为、学习收获等入手,直接对应"双一流"建设的关键点,进而从结果倒推平台的建设,为"双一流"建设绩效及"双一流"建设方案的优化提供建议。

第二节　从学习信念、学习投入到学习模式和学习收获

学习信念、学习投入是构成学习模式的基本要素,学习模式又形成相应的学习收获。对于学生群体而言,要素与要素之间具有理性关系;对于学生个体而言,学生主体的学习活动自然形成特定的学习收获。

一、学习信念

学习信念的概念目前没有一个统一的概念标准。单从字面意思来看,学习是一种活动或者是一种过程,信念则是一种主观判断或者认同,组合起来则表示个体对学习活动或者学习过程的看法、观念及认同等。换句话说,个体从自我的角度出发,如何对学习活动进行界定和判断,从学习"是"什么的角度去确定学习的本质。当然,如果从多学科视野而言,信念可以是一个哲学概念,也可以是一个心理学概念。同时,社会学及教育学也对信念有相关的界定和探讨。沿着不同的学科视野,不同研究者也对学习信念进行了不同的界定。本书着重从心理学及教育学的视野探讨和界定学习信念。吴国宏等认为,所谓学习信念指的是个体对学习的认识、看法,它蕴含于个体的自我系统之中,

因而也包含了个体对自身学习能力（效能）的认识。[①] 姚梅林等认为,学习信念涉及人们对知识和学习的本质、形式、过程、条件以及合理性等问题的直觉认识,是带有个人特色的哲学思考。[②] 李德兵等认为,学习信念是指学生自主确认并信奉有关人、自然、社会、知识学习等方面的思想、观点和"想当然正确"的基本假定,其形成主要经历了无意识的习得,信念的显性化,以及信念的隐性和显性相互转化,不断向前推进的哲学化系统信念体系建构的实践过程。[③]

因此,本书在梳理研究者对学习信念的研究基础上,对学习信念进行了界定。学习信念是学习者在特定教学环境中对学习本质的判断以及对学习活动所持有的主体性认识,具有深深的"自我"烙印。具体而言,包括了学习主体对学习过程所涉及的各相关要素的看法和认识,包括学习本质、教师角色、学习环境、学习过程及学习成果等诸要素。对于大学生而言,学习信念则主要是大学生对学习本质的确定以及对学习活动各相关要素的看法、观念及认识,这些看法和观念属于意识活动范畴,引领和指引着大学生的学习活动、学习行为和学习投入等学习实践。

二、学习投入

学习投入同学习信念一样,也是学习主体的衍生概念,是学习模式的关键内容和要素。近些年,随着主体学习和学生发展等理论创新的推进及实践探索的开展,学习投入越来越成为高等教育领域的"热点"。2019年,教育部《关于一流本科课程建设的实施意见》更是明确提出要"加大学生学习投入",其标志着这一教育研究术语正式进入国家政策话语体系。[④]

对于学习投入的概念界定,有研究者应用科学计量的方法研究发现,当前

[①] 吴国宏,沈尹婧.儿童学习信念研究综述[J].幼儿教育,2009(Z3):73-76.
[②] 姚梅林,杜春丽.学习信念的心理学研究[J].信阳师范学院学报,2004(2):11-14.
[③] 李德兵,张照卿,艾诗根.论学生学习信念的形成及其教育意义[J].江西师范大学学报(哲学社会科学版),2013(1):123-127.
[④] 王文,王纾.学习投入研究的知识图景及趋势:基于科学引文数据库的分析[J].教育研究,2021(8):78-91.

学界有两种主要的概念界定方式:第一种方式从学习者层面出发,以自我调节学习、学生学习方式等教育心理学理论为基础,将学习投入理解为学习者在学习活动中的个体心理状态,认为它是包含行为投入、情感投入、认知投入等多个维度的基础构念;第二种方式从组织层面出发,基于社会与学术整合(social and academic integration)、大学影响力(college impact)等理论和模型,将学习投入理解为一种指向学习结果的有效教育活动,包括主动学习、合作学习等维度。[①] 可以看出,前一种界定方式更侧重于心理学视角,强调学习者的个体心理状态,而后一种界定方式则侧重于教育学视角,强调有效教育活动,包括了主动学习及合作学习等。

基于对相关研究的简述,本书更侧重于从教育学的视角探讨大学生的学习投入,强调和凸显大学生的学习行为、学习活动等。若放在具体的现实情境中而言,既包括了大学生课堂内的学习活动和学习行为,同时也包括大学生课后的学习活动和学习行为,大学生的学习活动及学习行为需要以时间和精力的投入来实现。值得强调的是,不论是课堂内的学习活动还是课堂外的学习活动,均指向于大学生的学习收获和成效。

三、学习模式

学习模式既是一个组合概念,也是一种实践体现。从概念而言,学习模式既强调学习又强调模式。同学习投入的概念界定一样,学习模式同样具有不同学科视野的界定和探讨。

从心理学的角度探讨,学习模式侧重于学习者的认知特点。核心在于理解我们的大脑是如何感知及获得知识的。[②] 并且,根据不同主体对外部的感知方式以及知觉方式,可以形成不同类型的学习模式。

[①] 王文,王纾.学习投入研究的知识图景及趋势:基于科学引文数据库的分析[J].教育研究,2021(8):78-91.

[②] 汤白斯.学习模式大发现[M].徐绍知,肖小军,陈敏哲,等译.上海:上海锦绣文章出版社,2014:10.

从教育学的角度探讨,学习模式则与人才培养密切相关,学生的学习模式是人才培养模式在学生学习信念及学习投入等方面的综合映射,或者说学校所构建的人才培养模式落实到学生层面则表现为学生的学习模式。吕林海等认为,"对大学生学习方式的理论应当拓展,大学生学习方式应当从传统的仅关注基于课堂的学习,拓展到对更加整全的学生学习经历和体验进行分析,包括课外活动参与、科研参与、师生互动、生生交流各个方面"。[①] 实际上这里所言的学习方式并不是心理学视野下的学习方式,更侧重于教育学视野下的学习方式,跟本书所探讨的学习模式具有高度一致性。在高校人才培养职能以及人才培养模式的框架下,大学生的学习活动、学习行为、学习投入是零散而有序的,若仅仅从某一个或者某一类学习行为或学习活动而言,其具有零散性甚至是随机性,若将不同的学习活动或学习投入贯通联系起来,这些活动具有某种内在关联性,又是有序的。所以说,探究学生的学习行为或学习投入,既需要关照学生的某一个或者某一类学习投入活动,又需要关注不同的学习投入、学习活动组合而成的系列学习活动,也就是学习投入或学习活动的某种组合结构,而这种组合结构又不是随机或者偶然形成的,是学生特定学习信念以及外在学校环境和条件共同作用所形成的。仅仅从学生单一学习投入或学习活动的"量"的角度观测学生学习活动是具有局限性的,还需要关注不同学习活动以及系列学习活动的组合结构,以及学习活动组合结构背后的形成影响因素以及形成机制,我们将这种学习形态称为大学生学习模式。

概而言之,本书认为,大学生学习模式是从学生主体视角出发,在特定的高校人才培养模式框架下,以学校提供的各类人才培养平台为基础,大学生自身学习信念以及自主学习、合作学习等课内外学习投入和学习活动的组合。进一步而言,大学生学习模式是学生主体性与学校人才培养体系或培养模式交互的结果。大学生学习模式既具有主体性,强调和突出学生个体的差异性,又是高校人才培养模式在学生个体的具体体现,不同的学生具有不同的学习

[①] 吕林海,龚放.大学学习方法研究:缘起、观点及发展趋势[J].高等教育研究,2012(2):58-66.

活动组合方式和组合结构,而不同的学生学习模式又与特定的学习模式相对应,从而通过对学习模式的现实建构实现学习收获的优化和提升。

四、学习收获

学习收获是一个综合概念,从内容构成来看,不同的划分维度可以形成不同的结论。从马克思的人学视角而言,学习收获可以从德智体美劳全面发展的视角来审视;从布鲁姆的教育目标分类角度而言,学习收获可以从知识、能力和情感的角度来审视;从正式与非正式的角度来划分,学习收获又可分为正式的学生考试和考察成绩以及非正式的、不考核但是学生却应该具备的知识能力情感等。此外,学习收获还可以划分为认知维度和非认知维度。可以看出,学习收获是一个多维概念,既包括了知情意行多个维度和部分,又包含学校通过正式的考试或考察制度考核的部分和虽然不考察但是学生却获得的部分。

基于学生学习收获的综合性以及多维度的特点,对于学生学习收获的测量和评价需要多维度开展。学生在校期间的学习成绩、在各项评价中获得的奖励,以及在正式考察评价之外的非正式的收获等,均属于学生学习收获的评价范畴。黄海涛认为学习收获是学习者通过学习活动所获得的知识、技能、态度、情感及能力等方面的提升。[①] 此概念从教育目标分类的角度对学习收获进行了界定,也可以看出学习收获包括了知情意的多个维度,并且是学习者通过特定学习活动之后而形成或获得的。

从概念界定的角度而言,本书认为大学生学习收获是在高校特定人才培养模式和人才培养平台的基础上,学生自身在特定的制度和规范框架以及内在的学习信念的指引下,通过学习活动的开展而获得的知识、技能以及情感态度方面的变化及提升,既包含了正式的学校或专业培养目标要求的学习收获,也包括了培养目标未涉及的其他方面的收获等。

---

① 黄海涛.美国高等教育中的"学生学习成果评估":内涵与特征[J].高等教育研究,2010(7):97-104.

第三节　多学科视域下的学生学习理论研究进展

学习是一个内容极为丰富的概念,既属于认识论范畴,是主客体互动的方式,也是哲学和心理学研究和探讨的内容。同时,学习还属于社会学范畴,任何主体都身在特定的时空之中,主体的学习活动受到时空环境的影响。社会建构主义虽然并未直接探讨学习,但是却从知识的角度延展到主体的学习过程。当然,学习必然是教育学探讨的范畴,不论是个体的社会化还是个体的个性化,都离不开学习,而课程与教学论也将学生学习作为核心议题开展研究和探讨。故而,本节分别从哲学视域、社会学视域和教育学视域梳理关于学习特别是大学生学习的相关研究进展。

一、哲学视域下学生学习理论的研究进展

从哲学视域审视大学生的学习,主要侧重于从主体与客体、自我与外在的维度进行,主要包括行为主义、认知主义、建构主义、人本主义等几大理论视角的研究,不同哲学流派对学习有不同的阐释。不同的学习理论实际又是从认识论的层面衍生而来的。经验主义和理性主义是认识论的两大流派。经验主义强调人的认识及知识主要来源于人的知觉、感觉和经验,也就是说人的知识和认识主要来自后天的习得。而知识和认识的习得和获得门径主要为中华传统术语中的"五官",具体包括听觉、视觉、嗅觉、味觉以及触觉等,人的五官与外部事物相交互的时候产生了认识。有些认识可以被描述出来并被以文字的形式记录下来,进而人的认识和知识则具有了传承性,转化为人类的代际认识和知识积累。当知识积累到一定程度和阶段的时候,则可以进行归纳等。所以,经验主义强调人通过感官与外部世界互动,人的认识和知识是自身经验的结果以及前人经验的记录与传承。简言之,经验主义认为经验是知识的唯一来源和根据,而人的感官又是人的经验或与世界交互的通道与门径。英国哲

学家约翰·洛克是经验主义的典型代表,他的"白板说"则是经验主义的典型体现。

与经验主义相对的理性主义则强调人的认识的先验性,认为人的知识和认识的来源是理性的。理性主义注重通过理性演绎以及推理来获得知识和认识世界,其所强调的认识是抽象的,是指向于事物本质的,指向于事物的客观规律。理性主义批判经验主义只能认识事物的表象而无法认识内在的本质和规律。理性主义的代表人物笛卡尔的"我思故我在"的观点凸显了理性的价值。理性主义的认识论为自然科学的发展尤其是数学的发展开辟了道路。而作为理性主义代表人物的笛卡尔以及莱布尼茨等本身在数学方面有很深的造诣。

经验主义认识论与理性主义认识论分别为学习理论的分野开辟了不同的道路。经验主义强调感官对现象的感知,从而衍生形成行为主义流派及相应的学习观及教学观等。以经验主义的"一切知识来源于感觉经验"信念为基础,桑代克、华生、斯金纳等人发展了行为主义的学习理论。[1] 行为主义强调人的本能与外界的互动,即"刺激—反应"。并且值得注意的是,行为主义所研究的学习是广义的学习,不仅仅指人的学习,也包含了动物在受到外在因素影响基础上而发生的行为改变及其历程。在行为主义看来,学习是"刺激—反应"的结果,通过对环境的"操作"和对行为的"积极强化",任何行为都能被创造、设计、塑造和改变。行为主义的学习理论本质上是一种联结主义,强调刺激与反应之间的关系,并且所使用的研究方法主要是实验法。行为主义学习理论在其发展过程中又分为两种倾向:一种是激进的行为主义,包括华生的古典行为主义和斯金纳的操作行为主义,二者主要受经验实证主义的影响;另一种是以赫尔和托尔曼为代表的温和行为主义,主要受逻辑实证主义的影响。[2] 作为行为主义的主要代表人物,华生将巴甫洛夫的条件反射理论应用于学习过程研究,强调学习过程是一种刺激的反应,强调通过条件反射将刺激与反应

---

[1] 叶浩生.身体的意义:生成论与学习观的重建[J].教育研究,2022(3):58-66.
[2] 袁玖根,邢若南,张翌鸣.学习理论研究的主要取向及其教育启示:基于行为主义和建构主义学习理论的比较[J].教育学术月刊,2012(11):26-28.

联结起来。所以,行为主义学习理论将学习过程视为身体对外部刺激的一种接收与反馈。行为主义的学习理论强调通过身体感官获得的刺激和身体的动作反应,这看似重视身体,但在本质上却把身体当成刺激的接收器和反应的执行器。[①] 简言之,行为主义的学习理论强调"刺激与反应"的联结,并且在方法上强调实验法。

恰如理性主义与经验主义的对立一样,由理性主义孕育而生的认知主义学习理论与行为主义学习理论相对立。格式塔学派的认知主义学习理论是对行为主义学习理论的批判和发展,布鲁纳、皮亚杰等认知心理学家认为,学习的根本在于形成和发展认知结构。他们认为,学习就是面对当前的问题情境,在内心经过积极的组织,形成和发展认知结构的过程,强调刺激反应之间的联系是以意识为中介的,强调认知过程的重要性,使认知主义的学习论在学习理论的研究中开始占据主导地位。[②] 此外,认知主义心理学家用各种形式的模型来解释信息建构、储存、提取和改变的过程,这些研究使人们无论在实践中还是从理论上,都对概念、记忆、语言理解、问题解决和推理等的科学理解大大加深。[③] 认知主义认为学习就是形成和不断发展认知结构的过程,外部的各种刺激需要经过认知结构的转化。皮亚杰主张,儿童认知发展遵循一条建构的路线,这个路线的起点是儿童固有的一些认知"图式",如吮吸和抓握等简单的反射,通过"同化"和"顺应",原有的图式得以丰富,新的图式也得以增加。[④] 图式作为人的心智结构,既是个人基于过往经验学习新知、适应环境乃至安置自我与世界交往的依凭,又是个体认知与行为刻板化风格、陈旧观念和偏见与成见产生的原因。[⑤]

作为认知主义的一个重要分支,建构主义学习理论更强调学习者的主体性,强调学习是学习者主动进行知识建构的过程,并不断发展自我的认知结构。建构主义学习理论强调知识学习的建构性和认知主体的主动性,认为学

---

① 叶浩生.身体的意义:生成论与学习观的重建[J].教育研究,2022(3):58-66.
② 王惠.学习理论的发展及其对教学的影响[J].中国成人教育,2008(14):108-109.
③ 伍志鹏,吴庆麟.认知主义学习观与情境主义学习观[J].上海教育科研,2010(10):48-51.
④ 左任侠,李其维.皮亚杰发生认识论文选[M].上海:华东师范大学出版社,1991:1-53.
⑤ 阎光才.学校教育与创新人才培养:基于心智结构的视角[J].教育研究,2024(1):52-66.

习是学生在外部环境条件的作用下,发挥主体积极性主动建构意义的过程,问题解决是学习、思考和发展的核心。[①] 作为调和经验主义与理性主义的康德,其思想主要从主体能动的角度去探讨认识。康德着重从"先天"与"后天"、"综合"与"分析"、"主体"与"客体"、"感性、知性、理性"等认识形式的区分和研究,突出认识的双向性。这种双向性又使得主体在认识世界的过程中也在认识自身,主体在建构和创造世界的同时也在建构和创造自身。马克思主义辩证法思想和实践的观点认为,人的认识能力是在实践中发生、发展和提高的,因此人的学习过程就是在实践中逐渐建构的过程。[②]

建构主义的发展促进了人本主义以及人本主义学习理论的发展。罗杰斯和马斯洛是人本主义心理学的主要代表人物。人本主义超越了行为主义的仅仅将人等同于动物的本能、刺激及反应的学习,也超越了认知主义的仅仅注重认知结构形成和发展的"知"的层面的学习,而提出要注重人的自我实现的过程,强调人的情感、热情、尊严、信念等心灵层面的学习和发展。在人本主义看来,学习过程是学习者的一种自我发展与自我实现的过程,是一种追求生命价值、实现生命价值的过程,并在此过程中不断地实现自我成长和人格的完善。可以看出,人本主义的视域下,知识的丰富和认知结构的形成发展固然重要,但是认知的发展目的在于为人的生命价值的实现和自我追求的实现"奠基"。我们教育界所提倡的"学会学习""学会生存"和培养学生的独立性、创造性与人本主义教育思想的核心内容是相一致的。[③]

此外,注重将人的身心整合而探索认知的具身认知理论也作为一个相对独立的学习理论分支发展起来。可以说,具身认知在一定程度上将行为主义与认知主义结合起来,摒弃了身心二元的观念,注重身心的整合,既强调认知需要以身体为基础,接收各种信息、刺激的输入,又不仅仅将信息和刺激停留在身体层面,而是转化到心智层面,转化为认知结构,最终以身心整合而形成

---

① LAMON M. Constructivist Approach[M]//GUTHRIE J W. Encyclopedia of education[M].2nd ed. New York:Macmillan Reference USA,2003:1463.
② 王沛,康廷虎.建构主义学习理论述评[J].教师教育研究,2004(5):17-21.
③ 李育华,成强.试论人本主义学习理论与人的发展[J].当代教育科学,2004(13):56-57.

或生成认知。认知、思维、学习和语言等心智过程与有机体的身体和身体作用于世界的活动紧密联系在一起。① 所以,具身认知既强调心智的发展,强调认知结构的发展,又不仅仅将认知作为心智的结果,注重心智是被身体所"包裹"的,心智要通过身体接收外部环境和世界信息,进而身体的感知与认知结构的发展共同生成认知。

二、社会学视域下大学生学习的研究进展

如果说哲学层面的学习侧重于主客体交互的内在关系和规律,那么社会学视域下的学习侧重于探讨外在环境对于主客体交互的影响及塑造。换言之,主体的学习并不是超越时空而抽象的,而总是在特定时空环境中展开的,故而,社会环境包括文化制度环境以及技术环境等,均会对学生的学习产生重要影响。

第一,社会环境及人才培养目标等对学生学习的影响研究。建构主义可以分为个人建构主义和社会建构主义。这两种建构主义都强调学习的主动性和建构性,但侧重点不同。个人建构主义更侧重于个人内部的认知过程,而社会建构主义则更侧重于社会互动和文化对学习的影响。如果说个人建构主义侧重于凸显个体心智以及认知结构本身的发展,那么社会建构主义则强调个人的知识建构是受到社会以及人文影响的产物,极端的社会建构主义可以指向环境决定论或文化决定论。与认为心智是简单机械的信息加工过程的假设不同,文化心理学的信条是:所有的事实和命题都依赖于一定的参考视域或框架来获得解释的意义。② 当个体的心智与社会文化相关联,则文化图式应运而生。文化图式即是在特定社会境遇中,有共同经验的人们所具有的相似心智结构。③ 社会环境及特定文化则在认知图式的形成中发挥了重要的作用。

---

① 叶浩生.具身心智与具身的教育[J].教育研究,2023(3):32-41.
② 周作宇.民间教育学:泛在的教育学形态[J].教育研究,2021(3):53-75.
③ 阎光才.文化、心智与教育:破解教育改革困境底层逻辑的文化社会学分析[J].华东师范大学学报(教育科学版),2024(3):38-50.

在特定文化与制度环境中，人们的图式具有共性，即集体心智结构，它会以外在力量对个体心智结构产生固化效应。① 个体的认知图式在个体与外在环境的交互中形成及发展。而外在环境既包括自在自然又包括人化自然，既包括自然又包括制度文化，不同外部环境之下形成的个体心智结构以及认知结构存在群体差异，而在相同的社会文化环境下，群体的心智结构或认知图式则具有相似性。

具体而言，社会经济发展阶段、特定的社会环境、社会情境以及社会需求等会对个体心智结构、学习行为等产生重要影响，包括人才培养目标设定、学习环境及教学教材体系的设计等等。当前研究大学教学和学生学习与发展，首先要明确教育目标，为人才培养确定方向与内涵。教育要培养什么样的人，使人具备什么样的知识和能力，并非完全由教育自身来决定，而要根据社会发展的需要，通过教育塑造学生的学习行为以适应社会需求的变化。前三次的工业革命的开展都伴随着高等教育的变革，流水化、批量化的机器大生产模式使得高校人才培养模式单一，培养过程相对较为刻板。第四次工业革命以来，知识量的剧增、对知识本质的认识和知识传播形式的演进都对当代大学生的学习提出了挑战。当代大学生的学习者特征突出表现为知识爆炸与人工智能技术快速发展的学习环境，自主学习与个性化学习相结合的学习风格，混合学习与泛在学习相结合的学习方式，广泛实践的建构主义认知模式。② 因而，应将研究视野投向整个系统，将问题放在高等教育全球化、大众化及市场化发展的大背景下，结合中国社会转型与体制改革的宏观大势进行分析。高等教育大众化和信息化社会背景下的大学学习变革，应加强多学科整合与交叉，深化学习科学研究；加强大学第一年教育，促进大学新生适应性转变和学术性转变；推进课程与教学改革，创新学习方式；改善学习环境，培养学生学习素质和学习兴趣。③ 当前，面对智能化时代以及新的技术革命，特别是生成式人工智

---

① 阎光才.学校教育与创新人才培养：基于心智结构的视角[J].教育研究，2024(1)：52-66.
② 陈梦迁，彭希林.智慧教育视角下大学生学习能力重构[J].高等教育研究，2020(7)：78-84.
③ 肖雄，何旭明.高等教育大众化和信息化社会背景下的大学学习变革：第十次全国高校学习改革与创新研讨会会议综述[J].中国大学教学，2011(5)：94-95.

能技术的迅速发展,不断破旧立新,不断超越及创新受到了前所未有的关注。概括而言,实现超越的根本在于挖掘人的创新品质,而创新在于人的创造力的开发,它的源头活水则在于学校教育解除有关对人的束缚,调动人利用人工智能,充分释放个性潜能,让每一个个体尽可能具备驾驭乃至超越机器的智慧。① 同时,在具体的大学生学习投入或行为的研究方面,沿着社会制度及文化环境对学生学习投入及学习行为影响的路径,也产生了系列的实证研究。卡乌(Ella R. Kahu)研究发现,对于大学生学习投入的研究可以分为四大类:行为观的学习投入研究、心理观的学习投入研究、社会文化观的学习投入研究,以及整体及开阔视野下的学习投入。② 尹弘飚提出,要注重大学生学习投入与特定社会文化脉络之间的关联,并提出,要提高中国大学生的学习投入和高校教学质量,教学管理者与教师应该澄清高等教育阶段"好的教学"的内涵,强调学生的独立性和自主学习,发挥评估促进教学的功能,同时留意中国文化与学校教育传统对教学的双重影响。③

第二,技术环境与条件对于主体学习具有重要影响。随着技术的不断进步,教的环境不断地进行技术升级,在教与学的交互中,技术扮演了越来越重要的角色,信息技术对于大学生学习行为具有影响。信息化背景是当下大学生学习的现实境遇,在此环境下,大学生的学习形成了许多新的特征,如依赖网络、碎片化学习、多路径学习、自主学习倾向明显等。④ 随着大学生在学习过程中越来越频繁地使用网络技术和电子资源,加强在线学习情景下学生学习行为及学习投入的研究非常必要和重要。⑤ 在智慧教室环境下,大学生在

---

① 阎光才.学校教育与创新人才培养:基于心智结构的视角[J].教育研究,2024(1):52-66.
② KAHU E R. Framing student engagement in higher education[J].Studies in higher education,2013(5):758-773.
③ 尹弘飚.行为观、心理观与社会文化观:大学生学习投入研究的视域转移[J].华东师范大学学报(教育科学版),2020(11):1-20.
④ 秦强.基于信息化背景的大学生学习特征及策略研究[J].教育理论与实践,2017(36):17-19.
⑤ 陆根书,刘秀英.常规和在线学习情景下学生投入特征及类型:基于西安交通大学大学生学习经历调查数据[J].高等工程教育研究,2017(3):129-136.

行为、情感及认知层面的课堂投入水平有显著提升。[1] 大学生对智慧教室环境持积极认可的态度,智慧教室环境下大学生的学习策略处于中等水平,大学生学习环境偏好与学习策略呈显著正相关。[2] 黄忠华等基于浙江3所高校学生的实证调研指出,大学生课堂学习与采用MOOC进行学习具有互补性,但现阶段学生参与MOOC的程度不高,尚未对大学教学产生较大影响。为应对MOOC冲击,建议革新大学课堂教学理念、模式、手段和形式,并引导大学生理性选择网络课程学习。[3] 周金辉等通过对600位学生问卷调查以及10位学生的访谈得出,大学生基于手机的学习行为表现较显著——基于微信信息的浏览与发布对其学习的促进作用较大;基于手机问题解答的学习行为主要用于解决日常生活问题;手机搜索功能对大学生学习思维方式产生双面影响,理应辩证对待。[4]

特别是新冠疫情,由于在线教学的需要,对在线教学的研究及对在线教学设计的探讨备受关注。诸多研究者开展了系列相关研究。饶爱京等通过研究指出,可以从技术支持维度、在线学习资源设计维度、教师支持维度着手提升学生的在线学习投入度。[5] 陈涛等基于334所高校在线教学的调查分析发现:在线教学交互在总体上促进了学生有效学习,但不同维度教学交互的影响作用存在差异;为营造更好的在线教学交互环境,促进大学生社会化,应防范交互异化,建立有意义的在线教学交互;促进同伴互助,丰富学生社会化发展空间;加强教师引导,规避学习失范行为。[6] 在对大学生对于在线学习的整体满

---

[1] 张屹,郝琪,陈蓓蕾,等.智慧教室环境下大学生课堂学习投入度及影响因素研究:以"教育技术学研究方法课"为例[J].中国电化教育,2019(1):106-115.
[2] 张雪,杨浩,石映辉.智慧教室环境下大学生学习环境偏好与学习策略的关系探究[J].现代教育技术,2020(3):45-51.
[3] 黄忠华,杜雪君.MOOC对大学生学习和大学教学的影响:基于浙江3所高校学生的调研[J].现代教育管理,2016(2):56-61.
[4] 周金辉,李晓飞.大学生基于手机的学习行为现状调查研究[J].中国远程教育,2014(9):52-59.
[5] 饶爱京,万昆.在线学习准备度对大学生在线学习投入度的影响[J].教育科学,2020(2):31-38.
[6] 陈涛,巩阅瑄,蒲岳.探寻社会化意义:大学生在线教学交互及其对学习效果的影响:基于334所高校在线教学的调查[J].高等教育研究,2020(6):72-81.

意度的研究上,朱连才等指出,影响满意度的根本在于学习目标、师生互动、教师关注学生进度等因素,因而提升学生在线教学满意度,根本解决策略在于打造"高效课堂",精心教学设计,发挥学校职能,确保在线教学实质等效,缩小学生学习期待和学习体验间的差异。① 此外,还有研究专门探讨了当前大学生需具备的学习能力。当代大学生学习能力的本质特征是智慧学习,其智慧学习能力包括基础学习能力、适应和利用学习环境的能力、元学习能力、知识管理能力四个层级。②

当然,信息技术的发展并不总是对大学生的学习产生正向的影响。一个饶有兴趣的现象是,在一个数字化时代,信息技术未必就是破除人们心智结构固化的利器,各种偏见与观念反而借助技术的便利催发与扩大了其传播的人际网络。③ 信息茧房同样也是对人的信息获取乃至认知发展的一种固化和桎梏。

三、教育学视阈下大学生学习的研究进展

近些年,从高校的制度设计、学校人文环境、硬件设施、课程设置,以及学生的主观体验等探讨大学生学习的研究较为丰富。特别是在我国高等教育内涵式及质量提升备受重视的政策环境下,基于学情调查开展大学生学习研究成为研究大学生学习的重要范式。清华大学"中国大学生学习与发展追踪研究(CCSS)"、厦门大学"国家大学生学情调查"(NCSS)、中国大学生就读经验调查(CCSEQ)等都是基于学情调查开展大学生学习研究的典范。进而,基于学情调查开展教育教学改革,推进高等教育发展及提升高等教育质量。总体上,国内学情调查项目既有改进学校教育教学质量的目标定位,又有丰富和推进高等教育研究学科领域的功能考量,符合中国高等教育事业发展和研究拓

---

① 朱连才,王宁,杜亚涛.大学生在线学习满意度及其影响因素与提升策略研究[J].国家教育行政学院学报,2020(5):82-88.
② 陈梦迁,彭希林.智慧教育视角下大学生学习能力重构[J].高等教育研究,2020(7):78-84.
③ 阎光才.文化、心智与教育:破解教育改革困境底层逻辑的文化社会学分析[J].华东师范大学学报(教育科学版),2024(3):38-50.

展的需要,很有发展前景,值得坚持、需要完善。① 具体而言,对于大学生学习及学习模式的研究主要从以下方面展开。

第一,直接对大学生学习模式开展的研究。实际上,直接以学习模式为题的研究相对较少,但是在不少研究中或多或少涉及学习模式研究。姜芳等认为以教师讲授为主要形式的学习模式不符合社会的要求,要注重多样化教育形式的开展,实现学生学习模式多样化。② 秦军等人认为应激发学生的主动性,由高校和教师共同努力来培养学生形成正确的学习模式。③ 有研究发现,大学生学习模式存在着被动学习趋向明显、知识整合水平较低、学习方法偏传统化、学习社会化需求明显、思维创新性能力不强、学习感受相对漠然等问题,并提出自主导学、交往互动等创新性学习模式。④ 秦军等人认为,大学生的学习模式有强烈的路径依赖特征,存在许多问题,高校及高校教师应该帮助学生克服不良的路径依赖,建立良好的学习模式。⑤ 周红春等人针对多元化背景下学生多元化的特点,利用侨校的优势进行基于问题解决的研究性学习模式的研究与探索,运用实验研究法、行动研究法等研究方法组织教学改革实践,对教学效果进行分析与评价,并在教学实践的基础上归纳出基于问题解决的研究性学习模式。⑥ 林路生等认为,应当探寻多维协同学习模式来满足大学生学习模式转变需求,大学生学习模式必须转变:由自主探索学习向开展团队合作学习转变,由知识获取向知识应用和创新转变,由单科一过性学习向多学

---

① 史静寰.走向质量治理:中国大学生学情调查的现状与发展[J].中国高教研究,2016(2):37-41.
② 姜芳,翁维红,成晓,等.略论大学生学习模式变革:以华中科技大学联创团队学习模式为例[J].学校党建与思想教育,2009(8):47-48.
③ 秦军,王爱芳.基于路径依赖理论的大学生学习模式研究[J].教学研究,2007(4):299-302,307.
④ 张苗.大学生创新性学习模式的调查与分析[J].学校党建与思想教育,2013(17):49-50.
⑤ 秦军,王爱芳.基于路径依赖理论的大学生学习模式研究[J].教学研究,2007(4):299-302,307.
⑥ 周红春,黄雅,沈丽佳,等.大学生基于问题解决的研究性学习模式的研究与实践[J].电化教育研究,2005(6):28-33.

科整合终身学习转变。①

第二,关于大学生学习方式的研究。相对于学习模式的研究,大学生学习方式的研究较为丰富。但是有些关于学习方式的研究并非心理学意义的学习方式,而是侧重于学习模式。有研究认为,"大学生学习方式应当从传统的仅关注基于课堂的学习,拓展到对更加整全的学生学习经历和体验进行分析,包括课外活动参与、科研参与、师生互动、生生交流各个方面"。② 此外,有大量的关于学习方式的分类以及学习方式影响因素的研究。学生的学习信念、学习取向等自身因素,学生学习感知的学习环境因素对学习方式具有重要影响。③ 于海琴等调研发现:学习环境主要影响大学生的表层学习方式,对深层学习方式的作用有限;师生关系影响深层学习方式,同学关系影响表层学习方式。④ 郭建鹏等的研究结果显示:我国大学生的课堂体验对学习方式具有显著影响,学校特征也能够改变课堂体验对学习方式的影响程度。此外,学生的学科、年级、性别、学习观等个体特征,以及学校类型和所处区域的学校特征也显著影响大学生的学习方式。⑤ 杨甲睿从行动研究的角度出发,确立了"机体主义"研究理念,创生多主体协作型研究方式,建构学习方式的扎根理论构成未来大学生学习方式研究的基本路径。⑥ 陈瑶等人在互联网+的背景下,探究了当代大学生的学习方式,发现其仍存在着在线学习目标不明确、学习动力不足、网络技术运用不熟练、师生交互不强等问题。在实践中应从技术、模式、

---

① 林路生,黄晓丽,邱文锋,等.大学生多维协同学习模式的实践与思考[J].教育教学论坛,2016(21):234-235.

② 吕林海,龚放.大学学习方法研究:缘起、观点及发展趋势[J].高等教育研究,2012(2):58-66.

③ 陆根书.大学生感知的课堂学习环境对其学习方式的影响[J].复旦教育论坛,2010(4):34-46.

④ 于海琴,李晨石,海梅.学习环境对大学生学习方式、学业成就的影响:基于本科拔尖创新人才培养的实证研究[J].高等教育研究,2013(8):62-70.

⑤ 郭建鹏,杨凌燕,史秋衡.大学生课堂体验对学习方式影响的实证研究:基于多水平分析的结果[J].教育研究,2013(2):111-119.

⑥ 杨甲睿.大学生学习方式的"行动学习研究":价值与路径[J].高教探索,2014(6):122-127.

方式等方面优化大学生学习方式,提升学习效果,促进创造性学习新形态。[①] 同样,在大数据环境下,有研究通过对比传统环境和大数据环境下学习方式的异同,结合大学生学习方式分析了大数据环境下大学生学习方式的发展变化,旨在为大学生今后的学习提供可借鉴性的参考。[②] 李翠泉认为,大学生学习方式存在以下问题:接受学习多于探究学习,独立学习多于合作学习,表层学习多于深层学习。学习方式有效引导的缺乏,信息素养的缺乏以及传统教学模式的影响是导致上述问题的主要原因。高校教师应当转变教学方式,培养大学生信息素养,加强大学生学习方式的有效指导可以优化大学生的学习方式。[③] 王永斌认为,大学生学习方式变革要秉承"以学生为中心"的教育理念,确立学生的主体地位,赋予学生学习自由,调适教与学的关系,促进教师和学生角色转变,积极推进自主、合作、探究学习模式。[④] 徐莉认为,大学生学习方式在学习方向、学习领域、学习态度,以及社会实践的性质、目的及表现形式等方面发生了诸多的变化,导致大学生学习方式变化的深层次原因有时代的变化、社会生活方式的变化、人才机制的市场化、大学生自我意识的觉醒和思想观念的变化。[⑤]

第三,大学生学习参与、学习行为等对大学生收获及成长的影响研究。学生的学习参与是学生发展的主要决定因素,学校的教育资源等要通过学生自身的学习间接地对学生的发展发挥作用。[⑥] 史秋衡认为,只有课堂教学的大学教育是远远不够的,师生多元有效互动对学生成长的贡献是一个关键要素。[⑦] 还有研究发现,与院校环境和学生家庭背景等因素相比,学生学习投入

[①] 陈瑶,胡旺,王娟."互联网+"时代大学生学习方式转变研究[J].江苏开放大学学报,2016(2):61-65.
[②] 王英玉,曲艳红.大数据环境下中国大学生学习方式的变革[J].职业技术,2019(9):52-55.
[③] 李翠泉,钱兵.大学生学习方式:现状、成因及优化策略[J].教育导刊,2016(8):58-60.
[④] 王永斌,蔡中宏,柳德玉.大学生学习方式变革:理念与策略[J].教学研究,2008(4):291-295,307.
[⑤] 徐莉.试论大学生学习方式的变化[J].中国青年政治学院学报,2002(2):39-43.
[⑥] 周廷勇,周作宇.高校学生发展影响因素的探索性研究[J].复旦教育论坛,2012(3):48-55,86.
[⑦] 史秋衡.大学生学习情况究竟怎样[J].中国高等教育,2015(Z1):68-70.

对学生学习收获的影响更大。① 也有研究认为,大学生学习投入度对学习收获有较高的解释率,并且投入度的不同因子对学习收获各因子的影响不同。② 晏宁等认为,大学生起点成绩、心理、行为指标是影响毕业状态的主要因素。高校要实施精准育人,加强目标意识的培养,强化路径思维和动力思维训练,借助大数据工具开展日常监测。③ 实践调研方面,史静寰教授开展了中国大学生学习投入性调查(NSSE-CHINA);史秋衡教授依托国家社科基金(教育学科)国家重点课题"大学生学习情况调查研究"开展调研,并建立"国家大学生学习情况调查数据库"。赵晓阳等人通过调查发现,有效教育活动的参与程度对学生发展具有显著的积极影响,学校环境感知对学生发展有直接的积极影响,同时通过学生参与的中介效应对学生发展产生间接影响;而学生发展对学生满意度有显著的积极影响。④ 陆根书等发现,在程度上,背景因素、学生投入和学习环境这三个因素的影响力依次递增,课堂环境的影响大于校园氛围的影响,常规投入的影响大于在线投入的影响;在方向上,学习环境和学生投入的不同维度的影响,有的积极,有的消极。高校应重视学生能力的均衡发展,构建有利的学习环境,鼓励和支持主动学习,合理设计教学,规避被动学习。⑤

此外,一些研究者从中国社会文化特质和中国学习者心智思维模式上揭示中国大学生的学习特点,表现出中国学者在深入研究中国大学生学习特质和学习行为方面的一些特有的研究心得和发现。⑥ 张华峰等借助哲学上具有

---

① 王纾.研究型大学学生学习性投入对学习收获的影响机制研究:基于2009年"中国大学生学情调查"的数据分析[J].2011(4):24-32.
② 汪雅霜.大学生学习投入度对学习收获影响的实证研究:基于多层线性模型的分析结果[J].国家教育行政学院学报,2015(7):76-81.
③ 晏宁,李亚文,周志成,等.基于大数据的学生发展影响因素调研报告[J].思想教育研究,2019(7):121-126.
④ 赵晓阳,刘金兰.对大学生发展影响的实证研究:以学生参与度及学校环境感知为视角[J].西南交通大学学报(社会科学版),2014(2):107-115.
⑤ 陆根书,刘秀英.大学生能力发展及其影响因素分析:基于西安交通大学大学生就读经历的调查[J].高等教育研究,2017(8):60-68.
⑥ 史静寰.探索中国大学生学习的秘密[J].中国高教研究,2018(12):21-22,38.

普遍意义的主体性概念框架,并综合考量中国传统文化和教育思想,以及现代教育教学情境对中国大学生学习的双重影响,结合相关文献以及对 CCSS 数据的简要分析,初步构建了对中国大学生主体性学习进行解释的框架——"学思结合"的认知策略、"内圣外王"的学习动机以及"敬师乐群"的校园人际交往。这一框架不同于西方的概念和标准,而是解释中国大学生植根于中国本土文化土壤,将西方教育教学理论内化于中国现代大学情景中所表现出的主体性学习特点。[1] 吕林海着眼于"沉默的中国课堂"现象,认为这并不是西方学者对中国课堂的刻板印象和高傲态度,更不是仅凭技术化手段能简单突破的"中国教育瓶颈",借用法国社会学家涂尔干的"社会事实"说法,"课堂沉默"是一种值得深挖和细究的中国独特"教育事实",是伴随着年龄增加而逐渐"长成的",是在中国文化环境中的适应性或"习得性"产物。[2] 刘一鸣通过对中美大学生学习能力进行比较分析得出,中美大学生在学习动力和学习目的方面存在差异,主要是因为两国的国家体制、思想体系、价值观念等方面不同,导致中美教育理念、学生事务管理、课堂教学与课程考试等都存在差异,可借鉴美国成熟的学术指导体系,探寻培养和提升我国大学生学习能力的方法。[3] 史秋衡等基于中国的大学生学情进行调查研究,采用整群分层抽样的方法,使用自编量表收集数据进行研究,结果显示:我国大学生的学习观、课堂体验、学习方式和学习收获偏正面,大学生的学习观和课堂体验既直接影响学习收获,也通过学习方式间接影响学习收获,并且学习观、课堂体验和学习方式对学习收获的影响在不同类型高校中存在差异。[4]

---

[1] 张华峰,史静寰.走出"中国学习者悖论":中国大学生主体性学习解释框架的构建[J].中国高教研究,2018(12):31-38.
[2] 吕林海.中国大学生的课堂沉默及其演生机制:审思"犹豫说话者"的长成与适应[J].中国高教研究,2018(12):23-30.
[3] 刘一鸣.中美大学生学习能力比较及培养途径[J].教育理论与实践,2016(36):62-64.
[4] 史秋衡,郭建鹏.我国大学生学情状态与影响机制的实证分析[J].教育研究,2012(2):109-121.

四、对已有研究的评价

从对已有研究的梳理与综述可以看出，现有的关于大学生学习的研究主要聚集于三个层面：其一，哲学层面侧重于对学习的本质进行探析。行为主义、认知主义、建构主义及人本主义均对学习的本质有不同的解释，由于不同的学习理论主要基于不同的认识论流派而形成，各学习理论对于人的主体性凸显是可圈可点的。基于对人的多维理解的基础上，从人的某个方面或某几个方面的整合而形成学习理论，如行为主义侧重于身体，认知主义侧重于心智，人本主义侧重于情感和心灵，具身认知理论则将身体与心智整合。哲学层面对学习理论的超越发展为社会学及教育学开展大学生学习开辟了道路和方向。其二，从社会制度及文化社会学角度，探讨社会环境及技术进步对大学生学习的影响和塑造等。在社会形态层面，工业化对教育的要求和塑造也映射到了大学生的学习层面。由于人才培养目标及培养模式具有深深的工业化烙印，大学生学习具有鲜明的"工业化"特色，工业化不同程度和不同经济发展阶段对教育的需求具有差异，这也使得大学生的学习具有差异。在此过程中，信息技术突破甚至打破学校教育，对学生学习活动和学习行为进行影响和塑造。这一维度的探讨既有理论层面的，如社会建构主义以及从文化社会学视角探讨心智及文化图式等，也有大量的实证研究，从教育信息技术的进步和发展对学生学习活动及学习行为的影响开展研究。其三，从高校课程教学环境层面对大学生学习活动及学习行为的影响进行探讨。在高校课程教学的活动层面，对于大学生学习的研究主要聚焦于探究高校制度环境、资源条件、课程教学设计、教师教学方式方法、学生学习动机与策略，以及学生学习成绩和收获等。

然而，现有的研究存在两个方面的不足：其一，现有研究缺乏贯通哲学层面、社会学层面及教育学层面的研究。实际上，大学生学习活动是基于对大学生学习本质的认识，在国家特定经济社会发展阶段的基础上，探索形成高校人才培养模式，学生在此培养模式的框架下开展能动的学习。大学生的学习活动既具有鲜明的情境性、环境特色，又具有主体性和能动性。因此，本书试图从哲学层面、社会层面以及教育学层面贯通开展研究。其二，由于高校人才培养职能的实现既需要多载体、多平台落实，同时大学生自身的学习又具有鲜明的能动性和主体选择性，因此对大学生学习方式的研究不能仅仅落于心理学范式下研究大学生学习方式的"窠臼"，对大学生学习方式的研究既需要凸显主体性，基于心理学视角关注学习方式的研究之长，又要超越心理学视角下学习方式的探讨，从高校多样化的培养平台以及学生主体多样化的学习选择的角度，将大学生各类学习进行整合，以"学习模式"整合各类培养活动以及学生学习活动开展大学生学习研究。因而，在研究方法上既要注重定性和思辨研究，也要注重定量及实证研究，将定性研究和定量研究有机整合。

第四节　大学生学习模式研究设计

一、理论基础

（一）三元交互决定论

20世纪70年代末，美国心理学家班杜拉（Bandura）提出了社会认知理论，主要内容包括三元交互决定论、观察学习和自我效能，其中三元交互决定论是该理论的核心内容——强调个体行为、个体因素和环境因素之间的三元交互关系。他将个人因素、环境因素、行为因素三大因素视为相互独立又相互作用，从而产生相互决定的理论实体。根据三元交互决定理论，个体因素（包括个体的认知、观念、态度等因素）、外部环境因素（包括物理环境、社会制度环境、文化环境等）、个体行为（行动、选择等）是彼此交互影响的。实际上，三元交互决定理论是将认知与行为整合起来，是对认知主义和行为主义的整合超越。具体而言，表现为以下内容：(1)个体对其行为起着主导和支配作用，个体以往经验产生的反思等主观特征都会引导行为的发生，同时行为结果所带来的反馈也会影响个体自身主观情绪变化，从而进行调节；(2)个体通过自身的主观特征来引起或激活环境的反应，不同环境的反应也会引起个人主观情绪的变化，制约着个体人格即认知的形成和发展等；(3)行为作为人与环境的中介，是个人用来改变环境、适应环境的手段，个人有意识地改变环境以满足个体自身需求，同时行为不仅受个人支配，也受环境的制约。由此可知，个体、环境、行为是相互决定的，其具体作用机理模型见图1-1。

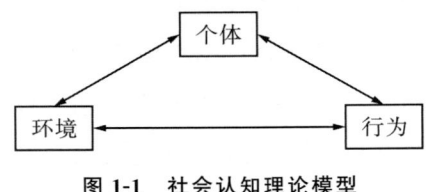

图1-1 社会认知理论模型

班杜拉的三元交互决定理论解释了学生学习行为产生的过程机制，以及影响其学习行为的诸多因素。在学生产生学习行为的过程中，学生作为学习的主体，其以往的个人经历背景、经验、习惯等诸因素都会影响其学习行为的产生，环境等外部条件决定其学习行为的强度。同时，学生在学习的过程中发挥其主观能动性，根据学习行为所产生的结果进行自我调节，运用自身认知有意识地改变环境以满足自身需求。对于本研究而言，班杜拉的三元交互决定论为本研究的核心议题——大学生学习模式提供了坚实的理论依据。大学生学习模式实际表现为一种学习行为活动的组合，学习行为活动受到学生主体、学习信念等个体知情意层面的影响。同时，大学生学习行为和学习信念又受到学习环境的影响，大学生的学习信念、学习行为、学习环境形成一种彼此交互的状态，这与班杜拉的三元交互决定论是相契合的。因此，本书将班杜拉的三元交互决定论作为理论基础。

（二）学习行为模式理论

马扎诺（Marzano）提出的学习行为模式主要试图探讨人是如何学习的，注重分析和解释人在学习活动或者参与教学活动的过程中，思维活动的过程是怎样的。并且，马扎诺的学习行为模式理论指出，人固有的信念、学习目标以及价值追求等在人的学习活动中具有非常重要的作用，影响着学习活动，并且人的一系列学习活动会影响最终的学习效果。可以看出,马扎诺的学习行为模式理论与本书主题具有高度的契合性和一致性。

马扎诺认为人的学习行为模式包括三大系统和一个领域:自我系统、元认知系统、认知系统以及知识领域。三大系统与知识领域发展关联的时候,则体现为人的学习行为。自我系统是由相互关联的信念和目标组成的网络,每个人在面对新任务时,都会先由自我系统进行判断,即用自身的信念和目标来判断其从事该任务的收益,以此来决定是从事新任务还是继续当前行为。[1] 当自我系统认为该任务具有很高的价值或者很高的收益的时候,个体选择进入该知识系统,但是当个体对收益和价值的认可度和判断较低的时候,则进入该知识系统的可能也较低。由此可知,自我系统偏向于价值判断系统。在自我系统之后则为元认知系统和认知系统。元认知系统的任务是制定完成新任务有关的行动计划或者学习目标,并选择适当的策略以执行行动计划或者达到学习目标。之后,认知系统负责对完成该任务所必需的信息进行有效处理,包括分析、操作、推断、比较和分类等事情。[2]

人的学习行为模式中具体环节的不同,将直接影响个体学习效果的差异,进而影响培养质量的高低优劣。自我信念对学习活动的认可程度将决定个体是否愿意对该项学习活动进行学习投入,只有当个体学习信念比较强烈的时候,才会进行学习投入,从而制定并完成学习目标和学习策略,并调动已有知识储备,以形成个体的学习效果。其中,有无学习信念、学习信念的强烈程度是存在个体差异的,是一种主体自我的价值判断。同时,在学习信念的基础上,学生所进行的学习投入也是存在差异的,并影响其学习目标和学习策略制定的合理程度以及实现效果。另外,个体原有的知识储备也是存在差异的,等等,这些都将导致个体最终学习效果的差异,最终影响人才的培养质量。所以,马扎诺的学习行为模式理论很具体地从学生的思维活动过程阐明了学习过程,这是本书开展的重要理论基础。

---

[1] 黎加厚.新教育目标分类学概论[M].上海:上海教育出版社,2010:4.
[2] 黎加厚.新教育目标分类学概论[M].上海:上海教育出版社,2010:5.

(三)比格斯的 PPP 模型

20 世纪 80 年代,澳大利亚学者比格斯在对学生学习过程深入研究的基础上,认为学生的最终学习结果(Product)是前置因素(Presage)和过程因素(Process)共同作用的结果,这一理论也被称为 PPP 理论。其中,前置因素既包括学生的个体因素(如已有的知识技能、人口学变量特征、个性特质等),也包括课堂教学情景(如学科、教师教学方式、学业评价方式等);过程因素主要指学生的学习方式和学习投入等;学习结果指学生的学习成绩、知识和技能的获得、在价值观等方面的转变以及学习满意度等等。比格斯认为学生的个体因素和课程环境因素影响着学生在学习过程中采用何种学习方式,进而影响着学习结果。例如,如果学生对其学习内容感兴趣,学生将可能采取深层学习方式,并愿意付出更多的学习投入,花更多的精力和时间去理解所学内容的深层含义;反之,学生将只是为了应付考试而努力记住知识要点。同时,学生的个体因素和课程环境因素除了通过学习过程和学习方式间接地影响学习结果外,还直接影响学生学习结果(见图 1-2)。

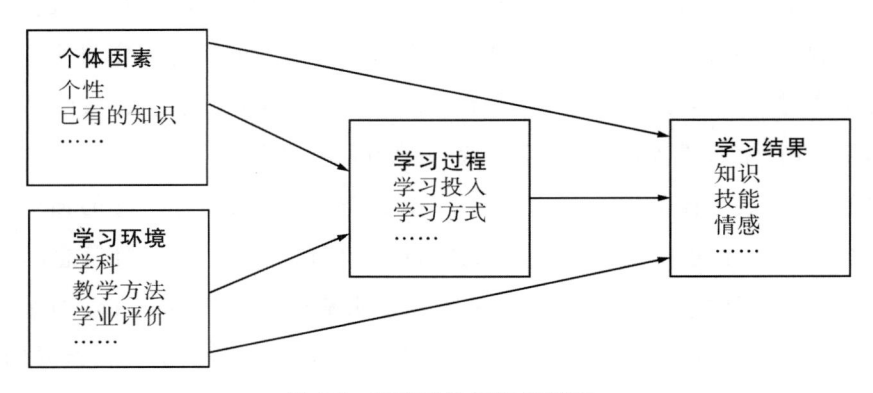

图 1-2 比格斯的 PPP 模型图

比格斯的 PPP 模型从整体上描绘出了学生学习的全过程。在学生个体因素方面,不但学生性别、入学前受教育情况等客观变量不同,而且学生的学习信念等主观变量也不同,这些对学生采取何种学习方式以及学习参与和投入情况均具有影响,进而影响学生最终的学习收获和学习结果。比格斯的 PPP 模型在体系结构上与本研究是相一致的,它也是本书的重要理论基础。

二、研究思路与研究方法

（一）研究思路

本书以大学生学习模式为主题开展研究，着重从三个层面层层递进展开研究主题：第一，从理论上辨析并明晰大学生学习模式。具体包括大学生学习模式的内涵及外延、大学生学习模式构成要素、大学生学习模式的功能与价值等。第二，探究大学生学习模式的构成要素、大学生学习模式的类型及其特征等。第三，应用量化与质性相结合的研究方法，探究不同类型的学习模式与学习收获的关系，并挖掘学习模式的构成要素对学习收获的影响等。基于以上研究，形成研究结论，进而提出研究建议。

（二）研究方法

依据本书的研究思路与研究内容，主要采用文献研究法、问卷调查法、统计分析法及访谈法开展研究。

1.文献研究法

本书主要通过文献研究法对已有的相关概念、前期的研究进展进行梳理。大学生学习模式相关研究较为丰富，利用文献研究法对已有研究进行梳理与整理，可从现有的研究中找出切入点，通过文献梳理明晰理论依据。

2.问卷调查法

厘清我国大学生学习模式的类型及特点，并分析学习模式对学习收获的影响是本书的重要研究内容，这就决定了问卷调查法是本书开展研究的重要方法。

本书力图探讨和厘清我国大学生学习模式的真实状态，并对其类型和特点进行分析，这需要采用问卷调查对研究对象进行调查，从而获取真实的第一手数据，为进一步开展统计分析和量化研究打下基础。

3.统计分析法

在收集了相关的研究数据之后，本书要采用统计分析方法对其进行处理。在对大学生学习模式的基本状态进行分析时，主要采用描述性统计方法，包括方差分析等方法;分析大学生学习模式构成要素对学习收获的影响时,采用回归法。

4.访谈法

在对调研数据进行统计分析的基础上,进一步采用访谈法对统计分析所得的结论进行验证。一方面通过访谈法更为具体形象地描述和呈现大学生学习模式的特点和状态,另一方面通过访谈法挖掘学习模式对学习收获影响的具体过程与作用机制。

三、研究的技术路线

根据研究目标及研究思路,本书将从学习模式的理论辨析、学习模式的类型及构成要素的特征分析、学习模式对学生学习收获的影响分析层层递进开展研究,进而形成研究结论及提出研究建议,在此基础上构建技术路线(见图1-3)。

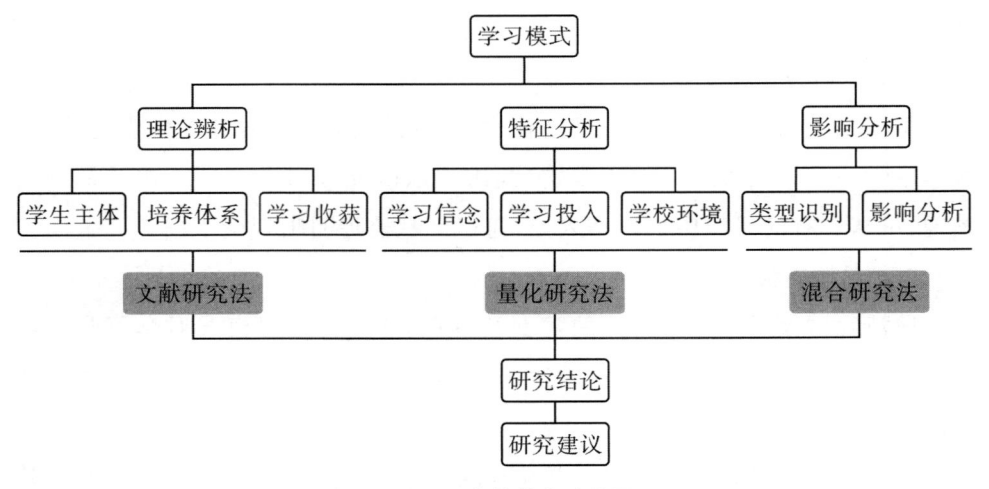

图1-3 研究的技术路线图

四、数据来源与研究变量

根据研究目标及研究思路,学习信念、学习投入、学生感知的学校环境、学习收获是本书的核心研究变量。

本书的数据来源于厦门大学史秋衡教授主持的国家社科基金重点项目《国家大学生学情调查研究》（项目编号 AIA100007）建立的学情数据库（NCSS）。使用的数据为2017年开展的学生学习情况调查的数据。样本总量为78702，其中，男生为32759，占比41.6%，女生为45943，占比58.3%；家庭所在地为城市的大学生数量为29862，占比37.9%，家庭所在地为农村的大学生数量为48840，占比62.1%；大一、大二、大三、大四（及以上）的学生数量分别为28237、22975、18672、8818，占比分别为35.9%、29.2%、23.7%、11.2%。

依据本书开展的核心研究变量，提取2017年学情数据库中的部分数据开展研究。核心变量包含不同的因子，因子所包含的题目均采用李克特六点计分法，具体刻度分别为：1=非常不同意（满意）、2=不同意（满意）、3=基本不同意（满意）、4=基本同意（满意）、5=同意（满意）、6=非常同意（满意）。根据克龙巴赫指数以及探索性因子分析结果，信效度都较理想。

本书中，将学习信念分为知识获取和综合提升两个因子。知识获取的侧重点在于知识本身，在于对知识的记忆以及再现等；综合提升的侧重点在于知识的应用，在于问题的解决以及自身的综合发展等。

对于学生学习投入，教育心理学家泰勒第一次使用"学生投入"概念，将其界定为"用于任务的时间"，描述学生花费多少时间用于他们的学业。[1] 此概念自提出以来，佩斯及乔治·库等都对其进行了优化。佩斯认为学习投入主要是学生用于完成学业的一系列活动，包括学生阅读等自主学习活动、课堂学习活动，以及与同伴和教师的互动交流等。[2] 乔治·库认为学习投入既包括学生自身的努力以及与同伴、教师的交流和互动，也包括院校为学生学习和努力提供的各种支持和引导。[3] 一些研究将学习投入分为以学生为主导的个人努力和投入，及以院校为主导的整体学习环境创设，其中以学生为主导的学习

---

[1] 徐波.高校学生投入理论：内涵、特点及应用[J].高等教育研究，2013(6)：48-54.

[2] PACE C R. The undergraduates: a report of their activities and college experiences in the 1980s[R]. Center for the Study of Evaluation, University of California, Los Angeles, 1990:1.

[3] KUH G D. What student affairs professionals need to know about student engagement[J]. Journal of college student development, 2009(50):683-706.

性投入主要包括个人学习努力、生师互动、生生互动等要素。[①] 本书通过自主学习、合作学习两个因子来测量学生学习投入。其中,自主学习凸显学生的学习独立性,着重指学生自主、自发地学习、阅读并形成自己的见解和结论;合作学习主要指参与小组学习、合作完成作业,以及交流分享学习心得等。

对于学校环境而言,本研究以学生对学校环境的满意度感知进行测量,具体将从教师教学、制度环境、后勤资源、人际关系等四个因子进行测量。其中,教师教学主要指学生感知的教师课堂教学方法、教学内容、教学评价、教学准备以及教学反馈等;制度环境主要指学生感知的奖助学金制度、毕业要求、选课要求以及入学和就业指导体系等;后勤资源主要指学生感知的住宿条件、学校餐饮、自习室及图书馆资源等;人际关系主要指学生感知的与同学、舍友、任课教师以及辅导员的人际关系。

对于学习收获,有研究将学习收获分为学术性成长和社会性成长,学术性成长主要体现为对专业知识和技能的掌握,社会性成长主要体现为国际视野、多元文化意识以及社会适应能力等。[②] 在借鉴此分类的基础上,本研究将学习收获分为社会性收获和学术性收获两个因子。其中,社会性收获主要包括学生的价值观、学生的全球化意识、学生的适应能力、学生的团队合作能力等;学术性收获包括学生对专业知识、专业技能等的习得和掌握。

[①] 王纾.研究型大学学生学习性投入对学习收获的影响机制研究:基于2009年"中国大学生学情调查"的数据分析[J].2011(4):24-32.

[②] 朱红.高校学生参与度及其成长的影响机制[J].清华大学教育研究,2010(6):36-63.

第二章

大学生学习模式是主客二元交互的结果

大学生学习模式实际上是学生主体与学校专业教育模式及人才培养体系交互的结果,具体表现为不同的学习行为及学习投入形态,进而影响着学生学习收获的现实形成。因此,本书从大学生的主体性、培养体系以及学习模式与学习收获的理论关系三个方面进行理论辨析。

第一节 学习模式是大学生主体性的活动外显

从学生的视角而言,大学生学习模式是大学生主体性的活动外显,是一种学习实践,表现为具体的系列行为活动。

一、大学生学习是个体身心参与的实践活动

学习的定义与概念不可谓不多,在不同历史时期、不同文化范畴下对学习形成了不同的界定,但是不论从何种视角或立场来界定学习,终究都离不开人的主体性。外在的一切具有理论、规律、知识必须通过人的主体性和实践活动才能成为人自身的一种素质,学习行为终究是人的行为和人的实践的一部分,

人的学习具备动物学习的一些特征,如行为主义等关于学习的探讨和界定,提供了人的学习的一部分规律,但是人的学习实践的全部特点终究要回到人本身上来。

人的学习需要以肢体为媒介,需要以大脑为媒介,需要以感官为媒介,需要以思维为媒介,需要以心灵为媒介,并且这些媒介并非单独完成人的学习活动,而是交错协同、共同完成学习活动的。只是对于个体发展的不同阶段以及学习对象和内容的差异性,在学习过程中个体所侧重使用的媒介各有不同,同时个体由于先天禀赋差异等原因,在学习过程中各有不同的侧重点。对于儿童而言,其学习的主要媒介为感官和肢体,思维的参与较少,而随着个体的成长发展,思维和心灵在学习中发挥越来越重要的作用,又随着个体经历及阅历的增多,心灵及生命情感体验越来越成为重点。相对于学习对象和内容而言,对于技能的学习、知识点的记忆,主要通过肢体及感官来实现,听说读写的重复训练,可以强化个体的知识记忆,然而如果缺乏了现实的经历,则主要为"小和尚念经有口无心"。对于抽象的数学及物理的学习,则更多地需要依靠思维和逻辑能力,纯粹理性的东西在现实世界中难以直接看到,必须依靠头脑的抽象思维才能得以发现和习得;音乐、美术等艺术性的东西则难以通过理性推演和逻辑思辨去获得,这是人心灵深处的部分,需要用心发现和领会,而且需要具备一定的社会经历和人世阅历才能很好地领悟和体验。上述对于学习的阐释只是简要地从学习主体与学习对象交互的角度而言的。对于不同的个体而言,由于外在文化以及个体先天禀赋、后天的努力和阅历的差异,个体的学习方式会自觉或不自觉地产生差异。在我们的文化视域下,树叶是自然的一部分,"一叶而知秋",而在其他文化的视域下,树叶可能是自然科学的对象,侧重于研究树叶的结构及内含的元素等。不同的个体同样如此,对于多愁善感者,落叶可能带来悲秋,而对于另外一部分个体,落叶仅仅是一种再普通不过的自然现象。就如同牛顿看到苹果落地,能够思考和发现蕴含在隐秘之处无法用肉眼发现的万有引力,而对于其他人而言,苹果落地可能仅仅是果实成熟的表现。因此,无论是直观地通过感官和肢体去学习,还是通过大脑和思维去学习,抑或是通过心灵和情感体验去感知和领会世界,都是人的身心在与外部世界交互,这种交互有时候是自觉地选择和完成,有时候可能个体自身也无法完全有意识地掌控和选择。

二、大学生学习兼具习得与发现知识的双重属性

大学生是特定时代的产物,特别是第一次工业革命以来的产物。我们所讨论的大学、大学生和大学生学习是特定时代背景下的存在。科学和技术创新是推进工业化及现代化主要推动力量,高深知识的生产和推进现代科学的发展是大学的重要时代使命,这种时代使命也具体落实到学生的学习活动层面。

也就是说,大学的时代使命的落实要通过大学生的学习活动来实现,发现知识及生产高深知识成为大学生学习的主要内容和目标。然而,发现知识需要站在"巨人"的肩膀上,需要在已有认识的基础上不断推进前行,某个阶段、某个个体的认识需要站在人类已有的认识的基础上继往开来地发展和完成。所以,大学生需要认识已有的前人的认识,并且在学习和认识已有的认识的过程中既掌握知识,又形成发现和发展新知识的能力,既获得"鱼",又懂得如何"渔",同时大学生并非简单的知识获取和知识创新生产的机器,因为知识本身蕴含着价值性,大学生兼具理性主体与情感主体的双重属性。在此过程中衍生出大学生学习的三重特点:第一,大学生的学习是对已有知识的接受和习得过程,需要系统掌握某一个学科或领域的已有知识和认识。从这个角度而言,大学生的学习侧重于掌握已有的知识和规律。第二,大学生的学习是思维能力形成的过程,大学生掌握知识既是目的也是手段,掌握已有的知识的同时更要形成思维能力,去探索和发现新的知识,或者扭转和改变已有的认识范式和思维模式,颠覆已有的认识,实现颠覆性创新。从这个角度而言,大学生的学习侧重于思维的培育和形成,特别是多维度思维的培育和形成。第三,无论是对已有知识的接受还是探索发现新的知识,都是大学生的主体实践活动,而主体实践活动的开展需要个体身心的参与,包括学习实践活动启动之前的学习动机、学习信念等,也包括在学习过程中逐步形成的世界观、价值观和人生观,

因为知识本身蕴含着社会性、文化性和历史性。从这个角度而言，大学生的学习又是一个情感价值观等形成的过程，强调信念和信仰的形成和养成，关注个体的人生追求和觉悟等。作为从主体视角下审视的大学生学习活动，首先需要强调主体性，包括学习信念、学习目标等。

现实中，对于学生自身而言，读大学可以只是一种高中毕业之后"顺理成章"的选择，是一种现有学制体系之下的必然选择，大学生对读大学的目标以及学习活动和学习过程的目标则也均处于一种"懵懂"状态。在这种情况下，一些外在的目标或者刚性的要求则成为大学生学习的目标追求，包括考试通过、获得毕业证及学位证，或者考取各种职业资格证以及就业，等等。当然，读大学也可以被认为是人生成长或发展的一个阶段，是继往开来的阶段，大学阶段的学习是为下一个阶段的发展积累知识和做好准备，一步步接近自身的人生追求和目标。故而，对于大学生活以及大学阶段的学习的认同既有可能更多地关注当下、关注制度框架下的学习要求和毕业要求，也有可能作为人生中的一个阶段，作为环环相扣的人生历程中的一个阶段。不同学习信念及学习认知会产生不同的行为选择和学习情感，进而也会对学习行为和学习收获产生影响。

大学生的学习活动既是围绕外部世界展开的，强调对外部世界的发现和探索，又是一个自我内部世界发育发展的过程，是个体理性世界发展与心灵路程交融交错的综合过程，只是不同的主体及身在不同的立场所强调的侧重点各具差异。

三、大学生学习活动是个体社会化和社会个性化的现实统一

从知识的维度而言，在工业化及现代化的背景下，习得知识以及生产知识是大学生学习的重要范畴，大学生的学习活动围绕高深知识而展开。从个体发展的角度而言，大学生学习则是个体社会化和社会个性化的现实统一。个体社会化和社会个性化是个体发展的主要范畴和维度。促进个体社会化和社会个性化的要素较多，但是参与社会实践是促进个体发展，促进个体社会化和

社会个性化的主要因素。

一方面,大学生学习活动是个体社会化的实现过程。时代塑造了大学生学习行为的方向和主脉络,但是对于具体环节的规定需要特定的教育政策、教育制度及教育体系来推动实现。大学生作为高等专业教育的受教育主体,其具体学习行为受到大学及专业中的各种章程和要求的形塑,而专业教育目标、专业教育则又是社会需求、产业发展和用人单位岗位需要的体现。大学生学习活动实际上是个体走入社会、个体社会化进程的一个重要环节和阶段。纵览当下整个社会体系,青年人进入社会、进入工作领域需要经过高等教育体系的转化,最直接的一个门槛就是"文凭"。文凭成为青年人走入社会和进入职场的一个重要的社会符号和社会身份,围绕文凭的获得形成了系列的培养文本和培养实践活动,包括大学生需要掌握的知识、能力及素养等各个方面的内容。经过教育制度和教育体系的规定,大学生的学习从隐性的时代诉求落实为具体的学习实践。这些学习实践至少包含了三个方面的内容:第一,大学生作为特定时代、特定国家公民需要掌握法律、意识形态和个人品格方面等内容,这个学习过程是大学生社会化和公民化的过程,是从作为个体的人向作为社会的人转化的一个重要的阶段。具体学习内容为一些必修的课程,包括理论课程及实践教学活动等。第二,大学生从学生逐步向职业人转化和准备的过程,或者说职业化和专业化的过程,包括可能从事职业的职业道德、职业知识、职业能力和职业综合素养等。这个过程其实是一个复杂易变的过程,大学生学习的专业口径与毕业后从事的职业应该如何衔接是高等教育一直讨论的一个难点议题。然而,不论专业与职业如何衔接,大学生的学习实践活动都需要围绕依据某种准则确定的专业教育方案开展,目的在于将专业培养目标转化为学生毕业时具备的知识能力素养等。第三,大学生转变自己身份的社会符号的过程,直接表现为获得某种文凭、证书或者学位的过程。专业教育的目的在于通过教育活动的开展及学生学习实践活动为产业经济的发展培养人才。而由于信息的不对称性和国家、高校、学生及企业等各主体利益诉求的多样性,必须寻求一个将各利益主体整合聚焦的"点",文凭则很好地充当了这样一个"点",既体现了国家教育的实现,又实现了学生从自然人向社会人的身份转变，同时为产业及用人单位提供了识别人才的社会符号。故而，文凭以及相关证书、学位的获取成为大学生学习实践活动的重要目标，并在此过程中实现自身身份的转变。

另一方面，大学生学习活动是社会个性化的实现过程。对于个体的发展而言，大学是介于基础教育与职业岗位的中介环节，在进入大学之前学生所接受的是基础教育，大学毕业之后学生将走向不同的行业及岗位。在基础教育阶段，学生所接受的教育侧重于"通识教育"，强调学生对于各学科基础知识的掌握以及基本生活技能的习得，而通过高等教育，通过接受专业教育，学生们则成为专门人才，并且价值观以及人生追求更加具象和多样化。具体而言，主要表现为以下方面：第一，高等教育的受教育者一般是 18 岁到 22 岁的群体，这个阶段对于个体世界观、人生观及价值观的形成至关重要，属于"三观"形成发展的"关键期"。这个阶段大学生的学习活动和行为模式，直接影响着大学生的"三观"养成，指向学生发展的差异化和多元化。第二，大学教育是专业教育，大学生的学习活动主要在专业教育的框架下进行，而专业教育指向不同行业、产业和职业，大学生的专业学习将使个体成为各行各业的专门人才，指向不同的职业生涯和不同的人生历程，在国家和社会的整体框架下有效彰显"和而不同"的态势。第三，大学生学习活动是正式学习与非正式学习共同构成的，如果说正式学习是在制度框架下的"规定动作"，那么非正式学习则是"自选动作"。"规定动作"包括了学生所必须完成的学业内容，包括必修课、学分总数要求等，而"自选动作"则包含了学生可以自主选修的课程，学生参加的各种社团学习活动，以及学生在刻意或不经意间在网络等各种信息平台上的学习活动。因此，对于大学生而言，其学习的范畴、内容和方式非常广泛，这对于其个性化发展具有非常显著的价值和意义。第四，如果对于中学生而言，接受了基础教育之后的选择主要为高等教育，那么对于大学生而言，在接受了本科教育之后，其具有非常多样的选择，既可以就业，又可以升学，换句话说大学生的毕业去向具有多元性、丰富性和灵活性，这种多元性和灵活性为大学生的差异化发展提供了可能。在现实中，有些学生甚至一入学就具有较为明确的毕业目标，其毕业后的预期选择也就影响着他在大学阶段的精力、时间的分配和学习活动的开展,也彰显着其个性化和差异化发展。因此,大学生学习活动也是社会个性化的实现过程。

综上而言,大学生学习活动实际上既是社会化的过程,也是个性化发展的过程,是个体社会化与社会个性化在实践中的有机统一。

第二节 培养体系是大学生学习模式形成的现实支撑

从时代和国家的视角来看,高等教育专业教育体系和专业培养体系是衔接大学生学习实践、产业及企业人才需求的中介纽带,将大学生的学习发展以及产业、企业优秀人才的获得整合为整个国家社会的系统发展。高等教育专业教育体系和专业培养体系为大学生的学习实践活动的开展提供了现实支撑。在现有制度化、规范化的专业教育体系下,课堂以及基于课堂所衍生的系列学习场所是大学生学习实践活动开展的主要平台和载体,同时宿舍、社团、网络等非正式学习空间也对大学生学习实践活动的开展具有重要影响,也是大学生学习实践的开展和学习模式形成的重要载体。

一、专业教育体系是大学生学习模式的制度基础

高等教育是一种专业教育,专业教育面向个体未来的职业生活。因此,构建人才培养模式和不断创新人才培养模式是高校的主要任务及话语体系,这为学生的学习活动提供了培养平台及现实可能性。然而,专业教育的设计逻辑却不止一种类型,可从对人的培养和对人才的培养两个逻辑构建专业教育。强调对人的培养,衍生出通识教育等专业教育模式,而强调对人才的培养则衍生出专业教育和专才教育的专业教育模式。通俗地说,也就是专业教育的口径是宽口径还是窄口径的区别。

由于专业口径、专业设置逻辑等差异,专业教育体系及人才培养模式也具

有较大的差异性。对于专业的口径以及专业教育的模式的探索与改革，一直是高等教育的热点和主要议题。就我国而言，我们经历了从苏联式的学校专业教育到大类招生、大类培养的宽口径专业教育模式改革。1952年的院系调整奠定了我国以苏联模式为样板的高等学校专业教育基本模式，这一模式的突出特点就是其专业是按照经济和产业的实际需要，甚至是实际工作岗位的需要来设置的，因此其专业口径比较狭窄，相应的人才培养也过分重视专业知识技能，忽视综合素质和能力的培养。[①] 专业口径的宽窄以及专业教育模式的差异，会带来专业培养体系、专业培养方案和课程体系等方面的差异，从而对大学生的学习实践活动以及学习模式的形成和类型产生影响。

专业培养方案一般包括专业培养目标、课程体系与结构、教学活动的开展、学分的分配和教学时间的安排等，这些都是对专业教育理念和专业口径的具体落实，是专业教育模式的具体体现。在专业培养方案的制订和落实过程中，实际又包含着学科理论体系、职业或岗位的工作需要以及人才的成长发展之间的互动交错，这一方面对专业培养方案的制订者和设计者提出了要求和挑战，另一方面也为大学生学习实践活动提供了自由选择的空间。在实践操作层面，则表现为关注学生需要完成哪些课程的学习，需要完成多少学分，不同课程教师教学方法，以及在教学实践活动的开展中如何引导学生学习策略和学习投入的开展等。这就形成了由专业教育理念与口径、专业教育模式、专业培养方案、教师教学活动开展、学生课堂学习，以及课外自主学习等共同组成的一个长链条，这个链条最终又落脚于学生的实际学习成效和文凭的获得。在这个长链条中，至少有两条主线：一条是作为专业教育体系层层落实的制度主线，体现了从国家意志到专业培养方案再到学生学习效果的测量及获得文凭的办法。另一条是作为学生主体学习实践的主线，即完成专业课程学习任务，获得高分，收获专业知识、技能及形成综合素养的过程。在此过程中，不同学生主体体现了学习模式的共通性与差异性。

---

① 赵婷婷.大类模式:我国研究型大学本土专业教育模式改革探索[J].苏州大学学报(教育科学版).2021(1):9-18.

二、课堂是大学生学习模式形成的核心载体

大学生学习具有抽象性和具体性两个特征，抽象性强调学习本身的相关概念及相关理论，具体性则强调实践性和活动性。在专业教育理念与口径、专业教育模式、专业培养方案、教师教学活动开展、学生课堂学习和课外自主学习等共同组成的长链条中，专业教育理念与口径、专业教育模式、专业培养方案和教师教学活动开展需要遵循大学生学习的相关理论，体现了大学生学习的抽象性和理论性，而大学生的学习实践活动是具体的，这种具体的活动赖以开展的主要载体是课堂，以及由课堂衍生形成的一系列学习实践活动。课堂是教学活动的主要场所，是作为主导者的教师和作为学习主体的学生的教学双边互动的主要空间。课堂是一个具有多重属性的载体，在学校教育和班级授课制的制度框架下，课堂的多重属性体现得尤为明显，支撑和孕育大学生学习模式的形成。概括而言，课堂具有物理、社会、知识、思维及情感的多重属性，这些不同的属性从不同维度影响着学生的学习活动和学习收获。

第一，课堂是大学生学习的物理空间。课堂的形成需要黑板、课桌、教室以及其他现代多媒体技术设备，这个物理空间承载着大学生的学习活动和教师的教学活动的开展，承载着教学任务和教学目标的推进和实现。无论是建筑学的研究还是学校卫生学的研究都表明，物理环境、建筑风格、阳光温度、空间布局等各种物理环境因素通过对学生身心的影响，进而影响学生的行为与活动，影响学生的成长以及发展。

第二，课堂是一个社会互动空间。学生和教师既是主体，也是不同的社会角色，带有不同的社会规范、社会职责、社会伦理等多方面的社会属性。一般而言，教师主导、学生主体既是一种教学过程中师生角色的界定，又是一种各自社会职责的规定。在课堂环境中，教师与学生的互动既是一种主体与主体之间的互动，也是一种社会身份与社会身份、社会角色与社会角色之间的互动。课堂是大学生学习的社会互动空间，既包括师生之间的交流互动，也包括学生与学生之间的交流互动。不论是何种时代，何种教学模式，师生的交流互

动在形成最终教学效果中都发挥着举足轻重的作用。在学徒制教学模式下，徒弟在师父的指引下，通过显性和隐性的双重影响逐步成长成才。已有的相关研究也表明，牛津大学的本科生导师制和哈佛大学的本科生住宿制的核心均在于师生间的交流互动。在当下以班级授课制为主的教学组织形式下，教师是一个角色，是一个社会身份，是作为班级的教师而存在的，是针对学生集体而存在的。教师的教学活动不是针对具体的某个学生的，而是针对作为集体的学生的，教师与学生的互动体现为教师个体作为一个社会身份与作为集体的学生的互动，这种互动既有其优点又有不足。关于班级授课制优缺点的研究已经较多，这里不详细阐述。抛开班级授课制的优缺点不论，在班级授课制的课堂中，教师是以一个社会身份与班集体进行互动的，是身份对身份，角色对角色的一种互动。而在其他形式的教学组织形式下，如项目式教学等，教师角色对照的并不是一个班集体，可能是一个项目组，或者项目组中的某些同学。已有的研究也表明，师生互动是影响学生学习的重要因素之一。① 课程教学中的师生交流互动是提升课堂质量的关键。在 1909—1933 年间担任哈佛校长的洛厄尔（A.L.Lowell,1856—1943）认为："学生与导师的交流增强了对学术问题的兴趣，补充并强化了正式教育。"② 可以说，无论是社会学视域下身份与身份的互动，还是哲学视域下主体与主体的互动，作为课堂属性之一的师生交流互动，对于个体的发展具有重要作用。

第三，课堂是一个知识传播空间。教师讲授法是常用的一种课堂教学方法，实现知识的传播是讲授制的主要功用。在特定的教室的物理空间内，教师直接面对学生进行讲学活动，传播媒介主要为空气，同时借助黑板或者幻灯片等教学设备开展教学活动；若教师与学生不在同一间教室或同一个物理空间内，可能要借助网络技术等开展远程或在线教学活动，在这种情况下知识传播的媒介则主要为网络以及其他音频和视频设备，此时形成一个虚拟的网络课堂，师生通过虚拟的网络课堂开展教学活动，进行知识传播活动。所以，我们

---

① 杨院.我国大学生学习方式研究：基于学习观与课堂学习环境的探讨[D].厦门：厦门大学，2012：245.
② 张家勇，张家智.哈佛大学本科生住宿制和导师制[J].比较教育研究，2007(1)：75-79.

一般认为,课堂教学是一种特殊的认识活动,是学生短时间内积累大量知识的过程,是一种间接的认识过程,知识是这种教学过程以及认识过程中的"核心"。从这个意义上而言,无论是教师讲授法,还是案例法以及其他强调学生自主探究和方法的方法,实际上均指向于知识,都是围绕学生的知识习得而展开的课堂活动,课堂也就成为一个知识传播空间而存在。

第四,课堂是一个思维碰撞和互相启发的空间。不论什么阶段的教育,受教育者对于同样的问题、理论和现象都会有不同的思考视角和理解方式,从而势必对同一个问题、现象和理论产生不同的见解。不同的见解在交流和碰撞过程中互相启发,学生与学生之间以及学生与教师之间不断减少自身认识的盲区和局限性,不断丰富和拓展自身的认识,使自身的思维能力得到锻炼,从而使自身的思考方式不断得到调整,使自身的认知能力不断得到提升,有效实现教学相长。并且,相对于教师与学生的交流而言,学生与学生作为同辈群体,其思维方式和思考问题的角度等更容易对彼此产生影响。围绕课堂教学以及基于课堂教学延伸而形成的同学之间的交流互动对于强化课堂的功能、提升课程教学质量具有重要的价值。单一的班级授课制侧重于通过教师讲授法等教学方法增加学生的知识,而对于思维的拓展、情感价值观的影响则处于次要地位。而各类小组作业、合作学习、项目式教学等等注重引导学生交流互动的课堂教学方法和课后作业则有助于引导学生通过交流互动的方式共同完成一项任务或作业。学生在完成作业或任务的过程开展合作学习,开展交流互动,不但有助于学生对于知识的强化和巩固,而且有助于学生在交流互动过程中互相启发、互相借鉴思维方式。

第五,课堂是一个心灵交互的空间。一方面,学生与学生、教师与学生在课堂的教与学的活动中自觉或不自觉地进行着心灵、情感之间的交互。相比在线课堂,线下教室的优势在于师生之间、学生之间可以及时、随时进行眼神的交流。眼睛是心灵的窗户,眼神的交流可以传达语言所无法表达的内容,眼神的不自觉流露可以传达话语之外的真实内容,从而有效实现心灵的交互。另一方面,课堂中的知识本身是会说话的,蕴含着时代性、历史性、科学性和人文性。所谓"读万卷书,神交古人",学习知识以及在阅读过程中领悟和感悟前人的"心灵"，在心与心的碰撞和交互中实现自身知识的进步和灵魂的陶冶。这部分内容对于个体的发展是至关重要的，重要性甚至高于知识的记忆和获得，高于理性规律的掌握，是个体发展的高层次部分。因此，不论是师生之间的交流互动，还是同学与同学之间的交流互动，都有助于促进和提升学生及教师的社会情感能力。

综上而言，课堂实际上是一个多维概念，也是一个多重意蕴的空间，既可以是一个建筑物理空间，也可以是一个聚集了不同社会身份主体的社会空间，但不论是建筑物理空间还是社会空间，都偏向于一种有形的空间。同时，课堂还可以是一个特殊的认识过程、知识传播的空间，也可以是一个思维交流和互相启发的空间，还可以是一个心灵交互、情感互相影响的空间，而不论是知识的传播，还是思维的互动或情感的交互，都是一种无形的空间。但是不论是有形的物理空间和社会空间，还是无形的思维空间与情感交互空间，都指向学生身心的变化，指向学生外显的学习行为和学习活动，指向学生个体的发展。正是由于课堂具有多重属性，使得学生的学习实践活动也随之具有了多重性，有些学生的学习侧重于有形的互动，有些则侧重于无形的互动，有些则容易被有形的空间的影响，有些则容易被无形的空间影响，进而转化为不同的学习实践和学习活动。不同的学生在课堂的学习活动中形成了不同的学习模式和学习行为范式，而学习模式及学习行为范式将直接导向于学生最终的学习成果和收获，进而对学生学习模式乃至人才培养质量的提升具有重要意义。

三、非正式学习是大学生学习模式的重要内容

课堂是专业教育制度框架之内的学生学习场域，然而学生的学习并非仅仅在课堂中存在，课堂之外学生自觉与不自觉的学习无处不在，特别是随着信息技术的不断进步，利用网络媒介的学习、利用数字教育资源学习等多元的学习活动正在成为学生学习的重要方式，这些都成为学生学习模式的重要内容。理论研究者及高等教育实践工作者也均注意到对学生在课堂之外学习实践活动的存在及其价值，在理论研究方面和实践工作方面也均努力将非正式学习

的理论探讨及实践引导纳入学生的整体学习及学业发展中。研究发现,课外参与对促进大学生全面发展的影响和熏陶往往是任何课程所无法比拟的,不仅对学生的品行素质形成具有渗透性和持续性,而且通过各种实践性活动所获得的专业技能、社会与情感能力可迁移到学生离开校园后的社会生活和职业生涯发展中。[1]

在实践中,课堂中的学习更侧重于专业知识及专业技能等的习得,而在非正式学习中,学习不仅仅局限于专业知识的学习,还包括共同爱好的形成与发展、学业规划及职业取向的形成、小圈子或者亚文化群体及其意识的形成,以及在此过程中自觉或不自觉地形成世界观、人生观和价值观。大学生的非正式学习与非正式学习空间密切相关,除了课堂作为正式的学习空间之外,在课堂之外至少存在两大范畴的非正式学习空间,即有形的校园物理空间和无形的网络学习空间。

其一,有形的校园活动的开展为学生的非正式学习提供了可能和条件。对于有形的校园物理空间而言,包括宿舍、学生社团及其他形式的同伴群体或者学习小组,也包括学校组织的正式的第二课堂以及各种项目式的学习等,如本科生科研项目、创新创业项目比赛等。一方面,学校正式组织开展的第二课堂以及各种创新项目等,作为学生毕业"学分"之外的自选活动,是学生非正式学习的重要内容。这些丰富多彩的活动给予了不同的学生自主选择的机会。NCSS 2021年调查数据显示,以课堂为中心的教师教学、同伴互动及其学习经验是保障大学生基础水平就业能力的主阵地,参与工作岗位实习实训、科研训练及其他课外活动是对课堂教学的重要补充,且后者更有利于推动大学生向职业人的身份转变,对于形塑更高水平就业能力的促进效力也更为显著。[2]牛津大学和巴黎高师等国际著名大学非常重视课堂外教学环境的设计,甚至

---

[1] 鲍威,杜嫱.多元化课外参与对高校学生发展的影响研究[J].教育学术月刊,2016(2):98-106.
[2] 史秋衡,任可欣.我国大学生就业能力内涵及其影响因素探析:基于应用型高校与研究型高校的对比[J].华东师范大学学报(教育科学版),2023(8):1-12.

以科研引领教学,将科研活动与教学活动充分融合以培养高质量创新人才。①
2011年,教育部、财政部《关于"十二五"期间实施"高等学校本科教学质量与教学改革工程"的意见》和教育部《关于批准实施"十二五"期间"高等学校本科教学质量与教学改革工程"2012年建设项目的通知》等文件,推进了我国开展国家级大学生创新创业训练计划的实施落地。这些课堂之外的研究项目丰富了大学生学习活动,也拓展了大学生学习的边界和形式,对学生科研能力、实践能力和问题解决能力的提升具有重要的作用。另一方面,学生自发开展的各种课余活动都是非正式学习的重要组成部分。课堂学习之外的各种讲座、学校图书馆为学生提供的各种专业及非专业的书籍、学校组织的各种形式的交流会等,都为大学生的非正式学习提供了可能。具有共同的兴趣爱好和行为偏好的个体通过社团聚集在一起开展交流互动,也是重要的非正式学习空间和非正式学习范畴。除了学生自发开展的各种课余活动,其他形式的正式或非正式的学生交往互动空间都是学生非正式学习的衍生和拓展,其中室友关系对于大学生的非正式学习尤为重要。宿舍作为大学生的生活空间,室友作为大学生亲密的同辈群体,室友的相互影响对大学生价值观及人生观的形成具有重要作用。国家大学生学情调查研究(NCSS)连续十年的结果稳定地显示,室友关系是大学生学习成长过程中满意度最高且最重要的指标之一;大学生室友关系作为最紧密联系的朋辈群体,形成了一种特殊的非正式组织,成为学习过程的成长支点。②

其二,无形的网络学习空间正在成为大学生学习的重要场所,这也意味着大学生的非正式学习正逐步成为大学生学习的主要形态。随着智能手机技术的不断进步,小红书、抖音、哔哩哔哩(B站)等社交软件及在线视频网站的迅速发展,为学生学习提供了丰富的网络资源,使网络学习成为学生非正式学习的重要渠道,非正式学习也逐步成为大学生学习的重要组成部分。更有甚者,一种虚拟的"B站大学"也正在迅速地崛起。伴随互联网技术和信息技术的迅

---

① 史秋衡,郭建鹏.我国大学生学情状态与影响机制的实证分析[J].教育研究,2012(2):109-121.
② 史秋衡,李平.大学生室友关系:学习过程的成长支点[J].现代教育管理,2020(12):95-101.

速发展,B 站丰富的教育资源以及不受时间空间限制的学习优势,再加上个体终身学习的价值和动力的驱使,"B 站大学"迅速兴起。并且,值得注意的是,"B 站大学"既为学生自主学习提供了良好的学习平台和教育资源,而且作为一种在线视频网站,"B 站"还具有强大的社交功能,学生们可以通过评论区和论坛等与其他学习者进行互动,开展广泛的交流,并且由于不是面对面的直接交流,交流者可以更为真实地开展交流。从而,基于"B 站"的学习交流平台,学习者可以开展灵活的自主学习与充分的交流互动。实际上类似于"B 站"的集合在线教育资源、社交互动平台等多种功能的在线网络教育平台正在迅速发展,与互联网共同成长的"千禧一代"的学习观念、学习习惯、网络操作技能等与在线网络资源平台的发展几乎同步同向。所以,对"千禧一代"的大学生而言,在线学习将成为其学习的重要组成部分甚至是主导部分。同时,除了借助网络这种虚拟平台开展的各种学习之外,学生的行为活动会形成一种无形的氛围,进而可能会发展成为一种学习文化,除了对学生的知识学习和技能习得产生影响以外,还将会对学生的观念、情感、心理等产生重要的影响。

总体而言,随着学校教育资源和网络教育资源的不断丰富,学生的学习资源和学习空间不断拓展,学生在正式的课堂之外的学习形式和活动形态逐步丰富。对于学生群体而言,学习模式则可能从以毕业要求和学位获取的正式学习为主导的学习模式逐步走向正式学习与借助网络平台等开展的非正式学习并行不悖的学习模式,而且可能在不同学年具有不同的组合形态;伴随教育资源的拓展和丰富,学生与学生之间的学习行为的差异和类型将不断多样化,个体差异会更为明显,学生的学习模式将不断地变得多样化、个性化。

第三节 大学生学习模式通向于学习收获的现实生成

大学生学习收获是基于学生主体视角对学生通过学习活动在认知、情感和行为等方面的结果的诠释,学习收获从主体视角而言是一个整体,不仅仅是各个要素的组合。大学生学习收获的生成既依赖于外在的环境和条件，也依赖于学生主体，是学生学习模式在现实层面的结果生成。

一、大学生学习收获的多视角审视

大学生学习收获可以从多视角进行审视。从理论视角而言，大学生学习收获是学习结果的抽象表现；从主体视角而言，大学生学习收获具有主体价值差异，可以从教育管理者、大学生自身和用人单位等不同主体审视大学生学习收获；从动态的角度而言，大学生学习收获是一个变化量，是开展系列学习活动之后达成的结果或者学习开展前后的增值部分识别。

从理论的视角而言，对于结果的审视和分析有不同的角度和分类方式。布鲁姆、加涅等都对教育目标或教育结果进行了分类。并且，一般而言，对于学习结果的分类主要是围绕知识、能力、情感等维度展开。这种抽象的分类方式其实是一种要素的解析，或者说从某几个方面对结果进行解析划分，共同组成学习结果。对于大学生学习收获而言，也可以从知识、能力、情感等维度进行划分。类似的还有将大学生学习收获划分为专业范畴和通用范畴，或者学术性收获和社会性收获等。不论是何种划分，我们都可以看到，对于学习收获的划分其实一部分属于刚性部分，即偏向于"用"的层面的专业能力或专业知识等范畴，另一部分则属于柔性的部分，即侧重于作为"社会一员"应该具备的一些社会规范、价值观念、人际交往能力等范畴。

从主体视角而言，教育管理者、大学生自身、用人单位等不同主体对于学习收获具有不同的主体价值偏好。由于主体的差异性，使得话语体系以及话语体系背后的价值体系与内在逻辑都具有差异性。从教育管理者的角度，更强调人才培养质量或者人才培养成效。人才培养是一种自上而下的范式与路径，侧重于强调群体的教育结果或教育质量。高校人才培养质量立足于高校等人才培养的组织者和实施者，从人才培养的组织者和实施者的角度出发来看最终的人才培养成果，突出大学生群体性，强调以同一化、等级化的标准来评判学生群体的学习收获和学习成果，强调整体的高校人才培养结果与社会需求之间的适切性和对接性。① 而在现实中,从办学者或者从教育管理者的角度出发,一般又将大学生的学习收获分为刚性的制度要求和柔性的收获。刚性的制度要求最直接的表现为学生达到毕业要求或者学位授予要求,获得毕业证或者学位证,具体包括学分的修完以及学术水平达到相应刚性毕业或学位要求的标准;而柔性收获的则相对难以用明确的标准来界定,一般更多的是一种定性的描述。从用人单位的视角而言,大学生学习收获更侧重于强调专业能力和现实问题的解决能力等。用人单位最重视的职业能力是专业技术能力,它是学生胜任未来工作的必要条件。② 可以看出,用人单位对于学生的学习收获更强调"用"的层面,更侧重于岗位的务实能力。而从学生自身的角度而言,学生自身学习行为与学习模式是自然而然形成的一种结果,对于结果的具体分类则又可以分为学生客观具备的知识、能力和各种外显的荣誉证书等,以及学生主观层面对学生收获和学习结果的自我感知和认知。主客观的学习结果是相关的,但是并非完全一致,也就是说客观上具备扎实的理论基础和很强的岗位胜任力的同学在主观的学习收获或者学习结果的感知和认同上,不一定非常高,反之亦然。但是无论是主观的还是客观的,学生视角下的学习收获更侧重于从学生的主体视角和个体视角出发,以学生自身作为出发点和立足点,强调学生的主体性,强调学生学习成果和收获的主体性和独特性,进而会衍生出主体与主体之间的差异性,群体与群体之间的类型化等。以布鲁姆的教育目标分类理论为例,认知、情感和行为的内容也非常丰富,因此,对于任何一个学生个体来讲,虽然任何学生个体学习质量都包括认知、情感和行为等内容,但是不同学生个体的学习质量所包含的认知、情感和行为等要素的排列组合方式以及组合结构却差异巨大。③ 若从纵向发展的角度来看,又可以衍生为主体发展的差异性和特色性。

由此可见,大学生学习收获既是抽象的概念,可以分解为知识、情感等不

---

① 杨院.学习模式:大学生学习质量形成的路径选择[J].江苏高教,2014(3):80-82.
② 王博,姜云超,吕卉.产业需求视角下工科大学生就业能力的自我认知和用人单位评价[J].中国大学生就业,2023(5):41-51.
③ 杨院.学习模式:大学生学习质量形成的路径选择[J].江苏高教,2014(3):80-82.

同的要素和内容,又具有主体的差异性;既可以体现为一种外在的社会评价,包括学位、执业证书以及对于现实问题的解决能力等,也可能作为学生自身主观的感知和体验,并且随着时间而不断变化,表现为学生的成长以及发展。

二、大学生学习收获的生成过程理论阐释

"过程"内隐了"时间"的概念,"生成过程"则侧重于强调主体性和过程性。大学生学习收获的生成过程理论属于学习规律的范畴,对于强化和丰富学习规律具有价值。随着学习规律研究的深入,学习规律的研究从刺激反应到认知探究,从知识习得到能力提升,从个体性学习到群体性教学,从人为场景实验到真实场景实验,视野不断拓展,内容不断丰富,关联面不断扩大。[①] 大学生学习收获的生成过程规律实际就是对现实场域中学习规律的探究。

具体而言,大学生学习收获的生成过程理论强调两个维度:其一,强调学习收获生成的相关要素及其在主体层面的整合性。也就是说,学习收获是学习主体与外部环境交互的结果,以有形的学习活动和无形的感知等综合活动作为中介,既包括有形的对各种教育资源的使用等,又暗含了认知活动的"黑箱"过程,强调基于主体的对各种要素的整合。其二,强调学习收获形成的过程性、时间性和进程性。从要素的角度出发,学生学习收获包括了知识、能力及情感等范畴,这些范畴实际上涉及认识外部世界与认识自我,改变外部世界与改变自我等内容,这些范畴对于主体而言,有可能是从内到外的,也有可能是从外到内的,既具有群体的一致性与同质性,也具有不同的主体进程及过程的差异性。

从作为整体的学习收获而言,相关的学习过程理论和学习结果理论模型都是对学习收获生成过程的阐释。行为主义学习理论、认知主义学习理论、建构主义学习理论、生成学习理论、具身认知理论和人本主义学习理论等都从不同的视角对学习结果的生成进行了阐释。在相关哲学层面学习理论的基础

---

① 袁振国.教育规律与教育规律研究[J].华东师范大学学报(教育科学版),2020(9):1-15.

上，相关研究探讨了大学生学习结果的生成理论模型。较为经典的关于大学生学习的理论包括泰勒的任务时间理论、佩斯的努力质量理论、阿斯汀的 I-E-O 理论、帕斯卡雷拉的变化评定模型理论、比格斯的 PPP 模型和乔治·库的学习性投入理论等，也从学生主体、学校组织环境、课堂教学环境、学生的学习活动等方面阐释了学习成果的生成过程及生成路径等。在相关理论模型的基础上，国内外相关大学生学习及学情的研究也形成了大量的理论成果，如清华大学"中国大学生学习与发展追踪研究"（CCSS）、厦门大学"国家大学生学情调查"（NCSS）、中国大学生就读经验调查（CCSEQ）等属于基于学情调查开展大学生学习研究的典范，这些研究所形成的系列研究成果都极大地丰富了大学生学习收获生成过程理论。在相关研究中，有关于学习过程各要素对学习收获影响路径的探讨，认为学习观、课堂体验、学习方式等对学习收获具有直接影响或间接影响。[①]

就纵向的发展历程而言，大学生的不同学业阶段具有不同的心理感知体验及不同的发展侧重点。就心理感知阶段而言，研究认为，基于各年级学习体验与成长规律作用发挥的特点，可将大学生的成长之路划分为"兴奋适应""困境求索""回稳超越"三个发展阶段。[②] 在大学不同的学业阶段，大学生的学业侧重点具有差异。大学生在不同阶段具有不同层次的关键就业能力成长诉求，即中低年级阶段侧重于广博而专精的知识技能储备积累；高年级阶段侧重于通用才能与核心素养的培养，重在开发能胜任未来工作的关键能力和必备品质；临近毕业阶段立足于人的发展的整体性，其就业能力是"知识、能力、素质"的一体化进步。[③]

总体而言，大学生学习收获的生成过程理论至少包括两大方面的内容：

第一，以静态的要素结果而言，内外部的各相关要素和变量对大学生学习

---

① 史秋衡，郭建鹏.我国大学生学情状态与影响机制的实证分析[J].教育研究，2012(2)：109-121.
② 史秋衡，孙昕妍，金凌虹.大学生高质量就业能力的形成逻辑及战略导向[J].教育发展研究，2024(7)：1-8.
③ 史秋衡，孙昕妍，金凌虹.大学生高质量就业能力的形成逻辑及战略导向[J].教育发展研究，2024(7)：1-8.

收获的构成要素及整体的学习收获具有多维、多向的影响路径和机制。无论是作为客观条件的学校环境,如课程设置、硬件资源、教师教学、文化氛围等,还是作为学生主观感受的学校环境,如学生感知的课堂环境等,都直接或者间接地影响作为整体的大学生学习收获以及学习收获内部的各个要素和部分。当然,这里的大学生学习收获同样包括客观表征的大学生学习收获和不同主体主观感受下的学习收获。除了外部的学校条件和环境以外,学生自身的相关要素和变量,如大学生自身的知识基础、认知结构、心智结构、世界观、人生观、价值观、人生追求、学习信念、学习方式、学习投入、学习策略等,同样影响着作为整体的大学生学习收获以及学习收获内部的各个要素和部分,并且这里的学习收获同样既包括可以客观表征和外显的学习收获,也包括不同主体感知的主观体验层面的学习收获。

第二,以动态的主体发展而言,学习收获强调进程性、阶段性和发展性。大学生既可以作为抽象的概念,也是与时间同步变化的现实主体,因此,大学生从大一入学到大四毕业作为一个身在时间轴中的主体,在不同阶段具有不同的收获水平。从静态的角度而言,影响学习收获的不同要素和变量以一种"截面"的研究范式发挥作用,但实际上"截面"是人为抽象的结果,现实是动态发展的,也就是说不同学业阶段,不同影响因素与大学生学习收获的各要素的作用机制是不同的、动态的、变动的,这种动态性可能是从知识的增长到认知结构的革新再到情感价值观的变化,也可能是由三观的变化而带来对知识及能力的变化。所以,作为一个发展性的主体,大学生学习收获是不断变动的,具有进程性、阶段性、发展性等特点。

三、大学生学习模式是促进学习收获形成的"集合体"

大学生学习模式既是一个抽象的概念和范畴,强调要素及其组合,也是一个现实的学生学习活动组合形成的轨迹集合体,强调进程性和过程性。所以说,大学生学习模式是兼具理论性与实践性的"集合体",共同促进学生学习收获的形成。本科生学习过程为"本科生(学习主体)在普通高校这个特定的环境(学习环境)中,在教师(学习主导)有目的、有计划的指导下,自觉应用学习方式,对学习客体主动思考、主动实践,不断改变已有的知识结构,创造新颖的经验和表现具有个性特征的行为,在四年的学习中获得自我完善和发展的过程"①。在整个学习过程中,隐含着各类学习实践的集合,共同促进学习收获的形成。

具体而言,大学生学习模式探讨的立场是学生主体。我们在讨论教育教学活动的时候总是有不同的视角和立场,只是有些视角和立场是明确的,而有些则是相对较为隐蔽。就办教育的视角而言,高校、人才培养和人才培养模式等是从自上而下视角探讨的,今天的教育活动是基于规范的教育组织、教育制度和教育系统而开展的,因此教育更多地从教育事业的角度探讨,探讨重点自然而然地就落到"领导""体制""机制""治理""管理"等主题上。而关于学生主体层面的探讨,则更侧重于从心理学的角度去探讨,包括行为主义、认知主义、建构主义和人本主义等。相对而言,介于作为教育事业的高等教育与心理视野中学生主体之间的层面的探讨则较少。早在 20 世纪 80 年代,德国卡塞尔大学高等教育和工作研究中心的泰克勒教授就指出:"在高等教育方面,人们却不愿以相似的方式探讨教与学的问题,这种对较少系统化的课程的偏好可能源于教学和研究之间的密切关系。"②我国学者也有类似的观点。大学的课程与教学,成为"两不管"地界,成为高等教育研究和课程与教学论研究的"盲区"。③ 具体而言,介于高校人才培养职能实现、高校人才培养模式构建与抽象学生学习及认知理论的学生行为与活动层面的研究明显不足,而这部分既与学生主体的信念、态度等密切相关,又与高校人才培养模式、专业教育模式等密切相关,是介于高校人才培养职能、人才培养模式与心理层面对学生学习的理论探讨之间,在现实活动层面存在着学生学习实践的集合。所以,就现实层面而言,大学生学习模式是一种现实活动轨迹的集合,或者说是学习实践活动的集合,这个实践集合既具有群体共性,也具有个体差异性,两者均指向于

---

① 杨强.我国普通高校本科生学习过程规律研究[D].厦门:厦门大学,2011:18.
② 胡森.国际教育百科全书:第 4 卷[M].贵阳:贵州教育出版社,1990:408.
③ 龚放.课程与教学:高等教育研究的潜在热点[J].高等教育研究,2010(11):24-26.

学习收获,并且是一个集腋成裘逐步发展的动态过程。因此,大学生学习模式既是一个理论问题,也是一个现实问题,学习模式必然指向于特定的学习收获,而对于学习模式的调整及优化也必然带来学习收获的改变。

教育体系的设计和教育资源的供给是教育举办者和教育管理者视角的产物,而教育效果的形成是教育体系、教育资源与学生学习互动的结果。并且,在现实情境中,一切的外部条件都需要通过学生主体发挥作用,教育的作用更多的是提供一种支撑和条件,以"促进"学生个体的成长和发展。真正影响学生最终学习质量与学习成果的是学生自身的学习行为,而外在的各种条件要通过学生自身的学习行为发挥作用。[1] 大学生的学习与发展是具有主观能动性的实践活动过程,研究发现,主体性学习是当代大学生成长的内在动力机制,大学生成长的主体性学习规律具体表现为其学习与发展过程中的"以学为本""学用结合"。[2] 除了大学生的主体性学习以外,主体间的交互也对学习收获的生成具有重要的作用。大学生的学习与发展更多发生在群体情境中,交往互动是社会情境的核心内涵,既包括学生与学习内容之间的主客体互动,也包括学生与老师主体间的人际交往,研究发现,以"教学相长"和"同伴效应"为表征的交往互动是助力大学生学有所成和知识内化的关键影响因素。[3] 这种主体之间的交往互动既直接影响学习知识内化等学习收获,也通过影响学习方式影响学习收获。学生之间的合作、讨论、互动等能够促使学生深层学习,而深层学习是拔尖创新型人才形成的重要途径。[4]

不论是大学生主体性学习还是主体间的交流互动,都既可以作为学习活动的单个要素存在,也又是大学生学习模式的组成部分。就要素本身而言,作为学习活动的单个要素影响学习收获;从学生个体而言,作为各个要素组合的

---

[1] 杨院.大学生学习模式:缘起、内涵与构建[J].中国高教研究,2013(9):25-27.
[2] 史秋衡,孙昕妍.当代大学生成长规律与育人路径[J].中国远程教育,2022(11):15-23,74-75.
[3] 史秋衡,孙昕妍.当代大学生成长规律与育人路径[J].中国远程教育,2022(11):15-23,74-75.
[4] 郭建鹏,杨凌燕,史秋衡.大学生课堂体验对学习方式影响的实证研究:基于多水平分析的结果[J].教育研究,2013(2):111-119.

学生个体的学习模式对学习收获的影响更为系统。大学生学习模式不论是作为个体视角而言，还是作为群体视角而言，均在现实中影响甚至决定着大学生学习收获。因此，对于大学生学习收获的提升，既需要关注各影响要素，也要关注作为整合各个相关要素而成为一个整体集合存在的学习模式和作为"截面"的各个要素的组合，更要以大学四年作为一个整体时间段关注作为一个动态变化的学习行为轨迹和学习实践结合体，在完整刻画及调整学习实践集合体的基础上形成学习收获乃至整个高等教育质量。

这种学习实践的集合体属于主体行为的范畴，包括了学生的学习信念，也包含了学生的学习行为；同时，大学生学习实践及学习行为受到特定人才培养模式、培养体系以及物质条件的形塑和影响，或者说大学生学习模式是学生主体的行为活动，更是主体活动与外部学校教育环境的一种交互。总体而言，我们从上自而下看，学校教育体系为学生的学习实践活动提供了各种平台和条件，培养方案、课堂是正式的学习空间和场域；而从自下而上的角度来看，学生自身具有主体性和能动性，自觉或不自觉地选择学校提供的各种学习条件和学习资源，并且会借助网络平台，挖掘丰富的在线网络资源开展学习，基于各种学习资源和条件开展学习实践活动，在此过程中形成自身的学习模式。这种学习模式意味着学习收获的不断丰富，也意味着学生的学习模式从单一化走向多样化，还意味着学生的学习收获的丰富化，远远超越了作为毕业要求和学位要求的范畴。学生学习模式指向于制度要求的正式的以及非正式的学习结果或学习收获，这种学习结果和收获既包含了预定或者预期的结果，也包含了非预定或者非预期的结果。因此，为了学习收获与高等教育质量的不断提升，需要以学习收获生成过程规律为理论依据，以学校人才培养提供的现实环境及条件作为现实基础，对大学生学习模式进行现实建构，优化作为动态发展及整体的学习实践集合体，从而实现学习收获的生成与人才培养质量的提升。

第三章

大学生学习模式构成要素的基本特征及差异分析

依据核心概念界定和变量的操作性处理方式,大学生学习模式包含了学习信念、学习投入、学校环境等内容。从而,应用统计分析方法对学习模式各构成要素的基本特征进行分析。

第一节 大学生学习模式构成要素的基本特征分析

一、学习信念基本特征及类型识别

1.学习信念整体特征分析

本研究通过学习信念各因子的均值和标准差来分析大学生学习信念的基本特征(见表 3-1)。

表 3-1 大学生学习信念的基本特征表

学习信念	N	最小值	最大值	均值	标准差
知识获取	78702	1	6	4.7163	0.94366
综合提升	78702	1	6	5.0271	0.83567

根据表 3-1 可知，知识获取的学习信念均值为 4.7163，综合提升的学习信念均值为 5.0271，综合提升的学习信念均值要高于知识获取的学习信念均值，并且差异显著。这说明从整体来看，学生的学习信念更倾向于综合提升。同时需要注意的是，综合提升的学习信念得分的标准差要小于知识获取的学习信念标准差，这也说明知识获取的学习信念的离散程度更强。

2.学习信念的类型识别

应用均值分析方法对学生学习信念的整体特征进行分析，并在此基础上，以学生学习信念的两个因子为分类依据，使用 K-means 聚类分析法对大学生进行分类。本研究通过对学习信念进行多次分类，最终认为将学生分为 2 个类别较为合理，既没有重合的类别，也没有缺失的类别，且具有显著差异（见表 3-2）。

表 3-2 学习信念类型表

学习信念	聚类	
	第 1 类学生	第 2 类学生
知识获取	3.73	5.20
综合提升	4.24	5.41

从表 3-2 可以看出，基于学生学习信念，将学生分为两种类型：第 1 类学生知识获取和综合提升的学习信念均很弱，我们可以认为这类学生属于低水平学习信念的学生；第 2 类学生知识获取和综合提升的学习信念均很强，都高于 5，这一类学生属于高水平学习信念的学生。

根据表 3-3 可知，两类学生知识获取与综合提升的学习信念具有显著性差异（$p<0.05$），这说明此次聚类有效。

表 3-3 学习信念类型的 F 检验

学习信念	聚类		误差		F 值	显著性
	均方	自由度	均方	自由度		
知识获取	37478.461	1	0.414	78700	90467.174	0.000
综合提升	23847.351	1	0.395	78700	60320.381	0.000

根据表 3-4 可知,第 1 类低水平学习信念的学生有 26002 人,其所占比例约为 33.0%；而第 2 类高水平学习信念的学生人数有 52700 人,其人数要明显多于低水平学习信念的学生,约占比 67.0%。

表 3-4　学习信念类型的个案数目

聚类	第 1 类学生	26002
	第 2 类学生	52700
有效		78702
缺失		0

二、学习投入基本特征及类型识别

1.学习投入整体特征

本研究通过学习投入各因子的均值和标准差来分析大学生学习投入的基本特征(见表 3-5)。

表 3-5　大学生学习投入的基本特征表

学习投入	N	最小值	最大值	均值	标准差
自主学习	78702	1	6	4.4467	0.81550
合作学习	78702	1	6	4.3881	0.88204

从表 3-5 可以看出,学习投入中自主学习因子的均值为 4.4467,合作学习因子的均值为 4.3881,自主学习的学习投入均值要高于合作学习的学习投入均值,并且差异显著。这说明从整体来看,学生的学习投入更倾向于自主学习。在标准差方面,自主学习的标准差要小于合作学习的标准差,这也说明合作学习的离散程度更强,学生在合作学习方面的差异较大。

2.学习投入的类型识别

应用均值分析方法对学生学习投入的整体特征进行分析,并在此基础上,以学生学习投入的各因子为分类依据,使用 K-means 聚类分析法对大学生进行分类。本研究将所有学生分为 2 个类别,既没有重合的类别,也没有缺失的类别,且具有显著差异(见表 3-6)。

表 3-6　学习投入类型表

学习投入	聚类	
	第 1 类学生	第 2 类学生
自主学习	3.93	5.03
合作学习	3.80	5.06

从表 3-6 可以看出,基于学生学习投入,将学生分为两种类型:第 1 类学生自主学习和合作学习的学习投入均很弱,我们可以认为这类学生属于低水平学习投入的学生;第 2 类学生的自主学习和合作学习投入均高于 5,显著高于第 1 类学生,这一类学生属于高水平学习投入的学生。

表 3-7　学习投入类型的 F 检验

学习投入	聚类		误差		F 值	显著性
	均方	自由度	均方	自由度		
自主学习	23411.44	1	0.368	78700	63692.60	0.000
合作学习	30887.58	1	0.386	78700	80116.21	0.000

根据表 3-7 可知,两类学生的自主学习和合作学习的学习投入具有显著性差异($p<0.05$),这说明此次聚类有效。

表 3-8　学习投入类型的个案数目

聚类	第 1 类学生	41812
	第 2 类学生	36890
	有效	78702
	缺失	0

由表 3-8 可知,第 1 类低水平学习投入的学生有 41812 人,其所占比例约为 53.1%;而第 2 类高水平学习投入的学生有 36890 人,人数略少于低水平学习投入的学生,约占比 46.9%。

三、学校环境基本特征及类型识别

1.学校环境整体特征

本研究通过学校环境各因子的均值和标准差来分析学校环境的基本特

征,见表 3-9。

表 3-9　学校环境的基本特征表

学校环境	N	最小值	最大值	均值	标准差
教师教学	78702	1	6	4.8963	0.79877
制度氛围	78702	1	6	4.3572	0.89930
后勤资源	78702	1	6	4.3649	0.94728
人际关系	78702	1	6	4.7225	0.79795

根据表 3-9 可以看出,在学生感知的学校环境中教师教学因子的均值要显著高于其他因子,其均值为 4.8963;而制度氛围因子的均值最低,为 4.3572;人际关系与后勤资源的均值居中,分别为 4.7225 和 4.3649。这说明学生对教师教学有着更高的满意度,而对学校制度氛围的满意度较低。在标准差方面,后勤资源的满意度得分的标准差要显著高于其他因子的标准差,这说明后勤资源的满意度的离散程度更强,学生对后勤资源方面的满意度差异较大。

2.学校环境的类型识别

应用均值分析方法对学校环境的整体特征进行分析,并在此基础上,以学生学习投入的各因子为分类依据,使用 K-means 聚类分析法对大学生进行分类。本研究通过对学校环境进行多次分类,最终认为将学生分为 2 个类别较为合理,既没有重合的类别,也没有缺失的类别,且具有显著差异(见表 3-10)。

表 3-10　学校环境类型表

学校环境	聚类	
	第 1 类学生	第 2 类学生
教师教学	5.38	4.47
制度氛围	5.05	3.74
后勤资源	5.06	3.74
人际关系	5.30	4.21

从表 3-10 可以看出,基于学校环境的各因子,将学生分为两种类型:第 1 类学生对教师教学、制度氛围、后勤资源与人际关系的满意度均大于 5,处于较高水平,我们可以认为这类学生属于高水平满意度的学生;第 2 类学生的四个因子满意度得分要显著低于第 1 类学生,这一类学生属于低水平满

意度的学生。

根据表 3-11 可知,这两类学生对教师教学、制度氛围、后勤资源与人际关系的满意度具有显著性差异($p<0.05$),这说明此次聚类有效。

表 3-11　学校环境类型的 F 检验

学校环境	聚类 均方	聚类 自由度	误差 均方	误差 自由度	F 值	显著性
教师教学	16200.71	1	0.432	78700	37485.43	0.000
制度氛围	33874.17	1	0.378	78700	89534.95	0.000
后勤资源	34086.99	1	0.464	78700	73429.04	0.000
人际关系	23470.86	1	0.338	78700	69339.31	0.000

根据表 3-12 可知,第 1 类高水平满意度的学生有 37120 人,其所占比例约为 47.2%;第 2 类高水平学习投入的学生人数略多于低水平学习投入的学生,有 41582 人,约占比 52.8%。

表 3-12　学校环境类型的个案数目

聚类	第 1 类学生	37120
	第 2 类学生	41582
	有效	78702
	缺失	0

第二节　人口统计变量下学习模式构成要素差异分析

一、人口统计变量下学习信念差异分析

1.性别

为了比较男女大学生在学习信念上的差异,本研究采用独立样本 t 检验

比较男生和女生在学习信念及其各子量表上的差异,且由于方差均不齐性,所以使用方差不相等时的值。

由表3-13可知,男生和女生在知识获取、综合提升和学习信念方面的统计检验呈现显著差异。并且,男生在这些方面的均值都显著低于女生的均值。需要注意的是,男生在知识获取、综合提升和学习信念的标准差也都大于女生,这说明男生在这三方面的离散程度较强,差异较大。

表3-13 不同性别大学生学习信念的差异分析

学习信念	性别	N	均值	标准差	t 值
知识获取	男	32759	4.6852	1.01733	−7.627***
	女	45943	4.7384	0.88674	
综合提升	男	32759	5.0021	0.90236	−6.934***
	女	45943	5.0450	0.78419	
学习信念	男	32759	4.8663	0.88296	−7.847***
	女	45943	4.9136	0.75960	

注:***表示 $p<0.001$。

2.城乡

为了比较城乡大学生在学习信念上的差异,本研究采用独立样本 t 检验比较城市和农村大学生在学习信念及其各子量表上的差异,且由于方差均不齐性,所以使用方差不相等时的值。

表3-14 城乡大学生学习信念的差异分析

学习信念	城乡	N	均值	标准差	t 值
知识获取	城市	29862	4.7622	0.95871	10.609***
	农村	48840	4.6882	0.93323	
综合提升	城市	29862	5.0594	0.85889	8.377***
	农村	48840	5.0074	0.82054	
学习信念	城市	29862	4.9320	0.83771	10.160***
	农村	48840	4.8706	0.79753	

注:***表示 $p<0.001$。

由表3-14可知,城乡大学生在知识获取、综合提升和学习信念方面的统计检验呈现显著差异。并且,在这些方面,城市大学生的均值都显著高于农村大学生的均值。同时,城市大学生得分的标准差也要高于农村大学生得分的标准差,这说明城市大学生在这方面得分的离散程度较强。

3.少数民族

为了比较不同民族的大学生在学习信念上的差异,本研究采用独立样本 t 检验比较少数民族与非少数民族的大学生在学习信念及其各子量表上的差异,且由于方差均不齐性,所以使用方差不相等时的值。

由表 3-15 可知,不同民族的大学生只在知识获取方面的统计检验呈现显著差异,而在综合提升与学习信念两个方面的均值具有一定差异但是差异不显著。其中,少数民族的大学生在知识获取方面的均值高于非少数民族大学生的均值。并且,在这个方面,少数民族大学生得分的标准差大于非少数民族大学生得分的标准差,这说明少数民族大学生在这一方面得分的离散程度较强。

表 3-15　(非)少数民族大学生学习信念的差异分析

类别	是否少数民族	N	均值	标准差	t 值
知识获取	是	8146	4.7656	0.98064	4.816***
	否	70526	4.7105	0.93907	
综合提升	是	8146	5.0141	0.87561	−1.428
	否	70526	5.0286	0.83086	
学习信念	是	8146	4.9076	0.85841	1.529
	否	70526	4.8923	0.80811	

注:*** 表示 $p<0.001$。

4.父亲接受高等教育

为了比较父亲文化程度不同的大学生在学习信念上的差异,本研究采用独立样本 t 检验比较父亲接受过高等教育与未接受高等教育的大学生在学习信念及其各子量表上的差异,且因为方差均不齐性,所以使用方差不相等时的值。

表 3-16　父亲(未)接受高等教育大学生学习信念的差异分析

学习信念	是否接受高等教育	N	均值	标准差	t 值
知识获取	未接受高等教育	64532	4.7022	0.94117	−8.861***
	接受高等教育	14170	4.7803	0.95231	
综合提升	未接受高等教育	64532	5.0146	0.83284	−8.839***
	接受高等教育	14170	5.0838	0.84616	
学习信念	未接受高等教育	64532	4.8807	0.80966	−9.539***
	接受高等教育	14170	4.9538	0.82842	

注：*** 表示 $p<0.001$。

从表 3-16 可以看出，父亲文化程度不同的大学生在知识获取、综合提升和学习信念方面的统计检验呈现显著差异。并且，在这些方面，父亲接受过高等教育的大学生其均值都显著高于父亲未接受过高等教育的大学生的均值。同时，父亲接受过高等教育的大学生得分的标准差也要大于父亲未接受过高等教育的大学生得分的标准差，这说明父亲接受过高等教育的大学生在这三方面得分的离散程度较大。

5.母亲接受高等教育

为了比较母亲文化程度不同的大学生在学习信念上的差异，本研究采用独立样本 t 检验比较母亲接受过高等教育与未接受高等教育的大学生在学习信念及其各子量表上的差异，且因为方差均不齐性，所以使用方差不相等时的值。

表 3-17　母亲(未)接受高等教育大学生学习信念的差异分析

学习信念	是否接受高等教育	N	均值	标准差	t 值
知识获取	未接受高等教育	67887	4.7040	0.93893	−8.947***
	接受高等教育	10815	4.7934	0.96928	
综合提升	未接受高等教育	67887	5.0179	0.83086	−7.506***
	接受高等教育	10815	5.0847	0.86311	
学习信念	未接受高等教育	67887	4.8834	0.80779	−8.783***
	接受高等教育	10815	4.9598	0.84587	

注：*** 表示 $p<0.001$。

根据表 3-17 可以看出,母亲文化程度不同的大学生在知识获取、综合提升和学习信念方面的统计检验呈现显著差异。母亲接受过高等教育的大学生在知识获取、综合提升以及学习信念三个方面的均值都要高于母亲未接受高等教育的大学生的均值,且前者的标准差也要高于后者,这说明母亲接受过高等教育的大学生在这三方面得分的离散程度较大。

二、人口统计变量下学习投入差异分析

1.性别

为了比较男女大学生在学习投入上的差异,本研究采用独立样本 t 检验比较男生和女生在学习投入及其各子量表上的差异,且由于方差均不齐性,所以使用方差不相等时的值。

表 3-18　不同性别大学生学习投入的差异分析

学习投入	性别	N	均值	标准差	t 值
自主学习	男	32759	4.5078	0.85936	17.509***
	女	45943	4.4031	0.77981	
合作学习	男	32759	4.3864	0.94580	−0.442
	女	45943	4.3893	0.83362	
学习投入	男	32759	4.4471	0.79687	9.233***
	女	45943	4.3962	0.71227	

注:*** 表示 $p<0.001$。

由表 3-18 可知,男生和女生在合作学习方面虽然均值有差异,但是统计检验呈现差异并不显著。而他们在自主学习和学习投入方面的统计检验呈现显著差异。并且,男生在这两方面的均值都显著高于女生的均值。同时,男生在自主学习和学习投入上的标准差都大于女生的标准差,这说明男生在这两方面的离散程度较大。

2.城乡

为了比较城乡大学生在学习投入上的差异,本研究采用独立样本 t 检验比较城市和农村大学生在学习投入及其各子量表上的差异,且由于方差均不

齐性,所以使用方差不相等时的值。

表 3-19　城乡大学生学习投入的差异分析

学习投入	城乡	N	均值	标准差	t 值
自主学习	城市	29862	4.4914	0.84553	11.867***
	农村	48840	4.4193	0.79535	
合作学习	城市	29862	4.4072	0.91351	4.686***
	农村	48840	4.3764	0.86204	
学习投入	城市	29862	4.4493	0.77587	9.220***
	农村	48840	4.3979	0.73151	

注:***表示 $p<0.001$。

从表 3-19 可以看出,城乡大学生在自主学习、合作学习和学习投入方面的统计检验均呈现显著差异。并且,在这些方面,城市大学生的均值都高于农村大学生的均值。相比之下,城乡大学生在合作学习方面的均值差异较小。在标准差方面,城市大学生在自主学习、合作学习和学习投入得分的标准差要高于农村大学生的得分,这说明城市大学生在这些方面得分的离散程度较大。

3.少数民族

为了比较不同民族的大学生在学习投入上的差异,本研究采用独立样本 t 检验比较少数民族与非少数民族的大学生在学习投入及其各子量表上的差异,且由于方差均不齐性,所以使用方差不相等时的值。

表 3-20　(非)少数民族大学生学习投入的差异分析

学习投入	是否少数民族	N	均值	标准差	t 值
自主学习	是	8146	4.4806	0.84322	3.850***
	否	70526	4.4427	0.81205	
合作学习	是	8146	4.4412	0.90296	5.622***
	否	70526	4.3820	0.87938	
学习投入	是	8146	4.4609	0.77438	5.377***
	否	70526	4.4123	0.74586	

注:***表示 $p<0.001$。

由表 3-20 可知,不同民族的大学生在自主学习、合作学习及学习投入方面的统计检验都呈现出显著差异。少数民族的大学生在这三方面的均值显著高于非少数民族学生的均值。并且,少数民族的大学生在这三方面的得分标准差同样要高于非少数民族学生的标准差,这说明少数民族大学生在自主学习、合作学习及学习投入方面得分的离散程度较大。

4.父亲是否接受高等教育

为了比较父亲文化程度不同的大学生在学习投入上的差异,本研究采用独立样本 t 检验比较父亲接受高等教育与未接受高等教育的大学生在学习投入及其各子量表上的差异,且由于方差均不齐性,所以使用方差不相等时的值。

表 3-21 父亲(未)接受高等教育大学生学习投入的差异分析

学习投入	是否接受高等教育	N	均值	标准差	t 值
自主学习	未接受高等教育	64532	4.4263	0.80647	−14.533***
	接受高等教育	14170	4.5397	0.84926	
合作学习	未接受高等教育	64532	4.3769	0.87163	−7.298***
	接受高等教育	14170	4.4390	0.92632	
学习投入	未接受高等教育	64532	4.4016	0.74023	−12.188***
	接受高等教育	14170	4.4894	0.78401	

注:*** 表示 $p<0.001$。

从表 3-21 可以看出,父亲文化程度不同的大学生在自主学习、合作学习及学习投入方面的统计检验呈现显著差异。在这些方面,父亲接受过高等教育的大学生的均值都显著高于父亲未接受过高等教育的大学生的均值。需要注意的是,父亲文化程度不同的大学生在自主学习方面的均值差异较其他两方面的差异更大。而父亲接受过高等教育的大学生得分的标准差也要大于父亲未接受过高等教育的大学生的标准差,这说明父亲接受过高等教育的大学生在这三方面得分的离散程度更强。

5.母亲是否接受高等教育

为了比较母亲文化程度不同的大学生在学习投入上的差异,本研究采用独立样本 t 检验比较母亲接受过高等教育与未接受高等教育的大学生在学习投入及其各子量表上的差异,且由于方差均不齐性,所以使用方差不相等时的值。

表 3-22 母亲(未)接受高等教育大学生学习投入的差异分析

学习投入	是否接受高等教育	N	均值	标准差	t 值
自主学习	未接受高等教育	67887	4.4280	0.80648	-15.381^{***}
	接受高等教育	10815	4.5639	0.86078	
合作学习	未接受高等教育	67887	4.3774	0.87176	-8.027^{***}
	接受高等教育	10815	4.4549	0.94134	
学习投入	未接受高等教育	67887	4.4027	0.74036	-13.076^{***}
	接受高等教育	10815	4.5094	0.79540	

注：*** 表示 $p<0.001$。

根据表 3-22 可以看出，母亲文化程度不同的大学生在自主学习、合作学习和学习投入方面的统计检验呈现显著差异。在这三方面，母亲接受过高等教育的大学生的均值都要高于母亲未接受高等教育的大学生的均值。并且，母亲文化程度不同的大学生在自主学习方面的均值差异较其他两方面的更大。另外，母亲接受过高等教育的大学生在自主学习、合作学习和学习投入方面的标准差要高于母亲未接受高等教育的大学生的标准差，这说明母亲接受过高等教育的大学生在这三方面得分的离散程度较大。

三、人口统计变量下学校环境差异分析

1.性别

为了比较男女大学生在学校环境上的差异，本研究采用独立样本 t 检验比较男女大学生在学校环境及其各子量表上的差异，且由于方差均不齐性，所以使用方差不相等时的值。

表 3-23 男女大学生在学校环境上的差异分析

学校环境	性别	N	均值	标准差	t 值
教师教学	男	32759	4.8306	0.85620	-19.113^{***}
	女	45943	4.9431	0.75167	
制度氛围	男	32759	4.3845	0.95640	7.060^{***}
	女	45943	4.3377	0.85575	

续表

学校环境	性别	N	均值	标准差	t 值
后勤资源	男	32759	4.4104	0.97692	11.282***
	女	45943	4.3324	0.92420	
人际关系	男	32759	4.7309	0.85288	2.432*
	女	45943	4.7165	0.75629	
学校环境	男	32759	4.5600	0.80268	1.988*
	女	45943	4.5491	0.70032	

注：* 表示 $p<0.05$，*** 表示 $p<0.001$。

由表 3-23 可知，男生和女生在教师教学、制度氛围、后勤资源、人际关系上具有显著差异。其中，男女生在教师教学、制度氛围和后勤资源上通过了显著水平为 0.001 的显著性检验，男生在制度氛围和后勤资源方面的均值要显著高于女生，而女生在教师教学方面的均值要显著高于男生。男女生在人际关系和整体学校环境上通过了显著水平为 0.05 的显著性检验，男生在这两方面的均值要显著高于女生。同时，男生在教师教学、制度氛围、后勤资源、人际关系和整体学校环境上的标准差都大于女生，这说明男生在这五方面的离散程度较大。

2. 城乡

为了比较城乡大学生在学校环境上的差异，本研究采用独立样本 t 检验比较城市和农村大学生在学校环境及其各子量表上的差异，且由于方差均不齐性，所以使用方差不相等时的值。

表 3-24 城乡大学生在学校环境上的差异分析

学校环境	城乡	N	均值	标准差	t 值
教师教学	城市	29862	4.9209	0.83146	6.666***
	农村	48840	4.8812	0.77773	
制度氛围	城市	29862	4.3917	0.93313	8.292***
	农村	48840	4.3361	0.87732	
后勤资源	城市	29862	4.3779	0.99207	2.965**
	农村	48840	4.3569	0.91873	

续表

学校环境	城乡	N	均值	标准差	t 值
人际关系	城市	29862	4.7490	0.82803	7.178***
	农村	48840	4.7063	0.77854	
学校环境	城市	29862	4.5794	0.78157	7.437***
	农村	48840	4.5379	0.72071	

注：* 表示 $p<0.01$，*** 表示 $p<0.001$。

由表 3-24 可知，城乡大学生在教师教学、制度氛围、后勤资源、人际关系和整体学校环境上具有显著差异。其中，城乡大学生在教师教学、制度氛围、人际关系和整体学校环境四个方面通过了显著水平为 0.001 的显著性检验，城市大学生在这四方面的均值要显著高于农村大学生的均值。城乡大学生在后勤资源上通过了显著水平为 0.01 的显著性检验，城市大学生在后勤资源上的均值要显著高于农村大学生的均值。同时，城市大学生在教师教学、制度氛围、后勤资源、人际关系和整体学校环境上的标准差都大于农村大学生，这说明城市大学生在这五方面的离散程度更强。

3.少数民族

为了比较不同民族的大学生在学校环境上的差异，本研究采用独立样本 t 检验比较少数民族与非少数民族的学生在学校环境及其各子量表上的差异。且由于制度氛围、后勤资源、人际关系和整体学校环境方面的方差均不齐性，所以使用方差不相等时的值；由于教师教学的方差齐性，所以使用方差相等时的值。

表 3-25　（非）少数民族大学生在学校环境上的差异分析

学校环境	是否少数民族	N	均值	标准差	t 值
教师教学	是	8146	4.9173	0.83158	2.513*
	否	70526	4.8939	0.79482	
制度氛围	是	8146	4.4289	0.91902	7.449***
	否	70526	4.3490	0.89663	
后勤资源	是	8146	4.3902	0.96857	2.489*
	否	70526	4.3620	0.94472	

续表

学校环境	是否少数民族	N	均值	标准差	t 值
人际关系	是	8146	4.7399	0.84004	1.981*
	否	70526	4.7206	0.79287	
整体学校环境	是	8146	4.5925	0.77977	4.769***
	否	70526	4.5492	0.74034	

注：* 表示 $p<0.05$，*** 表示 $p<0.001$。

由表 3-25 可知，是否少数民族在教师教学、制度氛围、后勤资源、人际关系和整体学校环境上具有显著差异。其中，不同民族的大学生在制度氛围和整体学校环境方面通过了显著水平为 0.001 的显著性检验，少数民族大学生在这两方面的均值要显著高于非少数民族大学生的均值。同时，两类大学生在教师教学、后勤资源及人际关系三方面通过了显著水平为 0.05 的显著性检验，且少数民族大学生在这三方面的均值要显著高于非少数民族大学生的均值。并且，少数民族大学生在教师教学、制度氛围、后勤资源、人际关系和整体学校环境上的标准差都大于非少数民族大学生的标准差，这说明少数民族大学生在这五方面的离散程度较大。

4.父亲是否接受高等教育

为了比较父亲文化程度不同的大学生在学校环境上的差异，本研究采用独立样本 t 检验比较父亲接受高等教育与未接受高等教育的大学生在学校环境及其各子量表上的差异，且由于方差均不齐性，所以使用方差不相等时的值。

表 3-26　父亲(未)接受高等教育大学生在学校环境上的差异分析

学校环境	是否接受高等教育	N	均值	标准差	t 值
教师教学	未接受高等教育	64532	4.8896	0.79121	−4.838***
	接受高等教育	14170	4.9266	0.83167	
制度氛围	未接受高等教育	64532	4.3453	0.88796	−7.603***
	接受高等教育	14170	4.4114	0.94740	
后勤资源	未接受高等教育	64532	4.3584	0.93298	−3.902***
	接受高等教育	14170	4.3944	1.00933	

续表

学校环境	是否接受高等教育	N	均值	标准差	t 值
人际关系	未接受高等教育	64532	4.7118	0.79062	−7.794***
	接受高等教育	14170	4.7712	0.82877	
整体学校环境	未接受高等教育	64532	4.5444	0.73457	−7.087***
	接受高等教育	14170	4.5956	0.78759	

注：*** 表示 $p<0.001$。

从表 3-26 可以看出,父亲文化程度不同的大学生在教师教学、制度氛围、后勤资源、人际关系及整体学校环境方面的统计检验呈现显著差异。在这些方面,父亲接受过高等教育的大学生的均值都显著高于父亲未接受过高等教育的大学生的均值。并且,父亲接受过高等教育的大学生得分的标准差也要大于父亲未接受过高等教育的大学生的标准差,这说明父亲接受过高等教育的大学生在这五方面得分的离散程度较大。

5.母亲是否接受高等教育

为了比较母亲文化程度不同的大学生在学校环境上的差异,本研究采用独立样本 t 检验比较母亲接受过高等教育与未接受高等教育的大学生在学校环境及其各子量表上的差异,且由于方差均不齐性,所以使用方差不相等时的值。

表 3-27　母亲(未)接受高等教育大学生在学校环境上的差异分析

学校环境	是否接受高等教育	N	均值	标准差	t 值
教师教学	未接受高等教育	67887	4.8889	0.79002	−6.153***
	接受高等教育	10815	4.9425	0.85020	
制度氛围	未接受高等教育	67887	4.3445	0.88832	−9.377***
	接受高等教育	10815	4.4369	0.96164	
后勤资源	未接受高等教育	67887	4.3574	0.93548	−5.221***
	接受高等教育	10815	4.4118	1.01701	
人际关系	未接受高等教育	67887	4.7122	0.78927	−8.603***
	接受高等教育	10815	4.7870	0.84757	
整体学校环境	未接受高等教育	67887	4.5438	0.73401	−8.651***
	接受高等教育	10815	4.6151	0.80558	

注：*** 表示 $p<0.001$。

根据表 3-27 可以看出，母亲文化程度不同的大学生在教师教学、制度氛围、后勤资源、人际关系及整体学校环境上的统计检验呈现显著差异。并且，母亲接受过高等教育的大学生在这五方面的均值都要高于母亲未接受高等教育的大学生的均值。需要注意的是，母亲接受过高等教育的大学生在教师教学、制度氛围、后勤资源、人际关系及整体学校环境方面的标准差要高于母亲未接受高等教育的大学生的标准差，这说明母亲接受过高等教育的大学生在这些方面的离散程度较大。

第三节 院校特征变量下学习模式构成要素差异分析

一、院校特征变量下学习信念差异分析

1.是否有本科生导师

为了比较有本科生导师与无本科生导师的大学生在学习信念上的差异，本研究采用独立样本 t 检验比较这两类大学生在学习信念及其各子量表上的差异。由于知识获取与综合提升方面的方差均不齐性，所以使用方差不相等时的值；由于学习信念的方差齐性，所以使用方差相等时的值。

表 3-28　有(无)本科生导师大学生学习信念的差异分析

学习信念	是否有本科生导师	N	平均值	标准差	t 值
知识获取	是	31540	4.7551	0.95570	9.408***
	否	47162	4.6903	0.93462	
综合提升	是	31540	5.0646	0.83959	10.271***
	否	47162	5.0021	0.83212	
学习信念	是	31540	4.9319	0.82255	10.738***
	否	47162	4.8684	0.80648	

注：*** 表示 $p<0.001$。

从表 3-28 可以看出，有本科生导师与无本科生导师的大学生在知识获取、综合提升和学习信念方面的统计检验呈现显著差异。并且，有本科生导师的大学生在这些方面的均值都显著高于无本科生导师的大学生的均值。在标准差方面，有本科生导师的大学生在知识获取、综合提升和学习信念上的标准差都大于无本科生导师的大学生的标准差，这说明有本科生导师的大学生在这三方面的离散程度较大。

2.统招与自主招生

为了比较不同招生形式的大学生在学习信念上的差异，本研究采用独立样本 t 检验比较本科统招生与自主招生在学习信念及其各子量表上的差异，且由于方差均齐性，所以使用方差相等时的值。

表 3-29　不同招生形式大学生学习信念的差异分析

学习信念	招生形式	N	均值	标准差	t 值
知识获取	本科统招生	64428	4.7104	0.93942	2.825**
	本科自主招生	4623	4.6701	0.92211	
综合提升	本科统招生	64428	5.0451	0.82555	7.423***
	本科自主招生	4623	4.9518	0.82559	
学习信念	本科统招生	64428	4.9016	0.80394	5.771***
	本科自主招生	4623	4.8310	0.79973	

注：** 表示 $p<0.01$，*** 表示 $p<0.001$。

由表 3-29 可知，不同招生形式的大学生在知识获取、综合提升和学习信念方面的统计检验呈现显著差异。其中，不同招生形式的大学生在综合提升和学习信念方面通过了显著水平为 0.001 的显著性检验，本科统招生在这两方面的均值要显著高于本科自主招生的均值。而不同招生形式的大学生在知识获取上通过了显著水平为 0.01 的显著性检验，本科统招生在这一方面的均值也要显著高于本科自主招生的均值。在标准差方面，本科统招生在知识获取与学习信念上的标准差大于本科自主招生的标准差，而在综合提升方面的标准差要小于本科自主招生，这说明在知识获取与学习信念上本科统招生的离散程度较大，在综合提升上本科自主招生的离散程度较大。

3.年级

为了比较不同年级的大学生在学习信念上的差异,本研究采用方差分析比较不同年级学生在学习信念及其各子量表上的差异。

不同年级的大学生在知识获取上存在显著差异(见表3-31)。通过方差齐性检验发现(见表3-30),显著性小于0.05,表示违反方差同质性的假定,即为方差不齐性。使用校正的事后检验方法(Tamhane's T2法)对不同年级的差异进行事后检验。结果表明(见表3-32),大一学生的均值小于大三、大四及以上学生的均值,且具有显著差异;大一学生的均值小于大二学生的均值,但是p值大于0.05,所以不具有显著差异。大二学生的均值大于大一学生的均值,小于大三学生的均值,但是二者的p值大于0.05,所以均不具有显著差异;大二学生的均值显著小于大四及以上学生的均值。大三学生的均值大于大一学生的均值,且差异显著;大三学生的均值大于大二学生的均值,但是p值大于0.05,所以不具有显著差异;大三学生的均值显著小于大四及以上学生的均值。大四及以上学生的均值都显著大于大一、大二、大三学生的均值。

不同年级的大学生在综合提升上存在显著差异。通过方差齐性检验发现(见表3-30),显著性小于0.05,表示违反方差同质性的假定,即为方差不齐性。使用校正的事后检验方法(Tamhane's T2法)对不同年级的差异进行事后检验。结果表明(见表3-32),大一学生的均值大于大二学生的均值,但p值大于0.05,所以不具有显著差异;大一学生的均值小于大三、大四及以上学生的均值,且具有显著差异。大二学生的均值小于大一学生的均值,但是p值大于0.05,所以不具有显著差异;大二学生的均值显著小于大三、大四及以上学生的均值。大三学生的均值大于大一、大二学生的均值,且具有显著差异;大三学生的均值显著小于大四及以上学生的均值。大四及以上学生的均值大于大一、大二、大三学生的均值,且均具有显著差异。

不同年级的大学生在学习信念上存在显著差异。通过方差齐性检验发现(见表3-30),显著性小于0.05,表示违反方差同质性的假定,即为方差不齐性。使用校正的事后检验方法(Tamhane's T2法)对不同年级的差异进行事后检验。结果表明(见表3-32),大一学生的均值大于大二学生的均值,但是p值为 1，所以不具有显著差异；大一学生的均值小于大三、大四及以上学生的均值，且具有显著差异。大二学生的均值小于大一学生的均值，但是 p 值为 1，所以不具有显著差异；大二学生的显著均值小于大三、大四及以上学生的均值。大三学生的均值大于大一、大二学生的均值，且具有显著差异；大三学生的均值显著小于大四及以上学生。大四及以上学生的均值大于大一、大二、大三学生的均值，且均具有显著差异。

表 3-30　不同年级大学生学习信念的方差齐性检验

学习信念	莱文统计	自由度 1	自由度 2	显著性
知识获取	16.381	3	78698	0.000
综合提升	15.194	3	78698	0.000
学习信念	20.211	3	78698	0.000

表 3-31　不同年级大学生学习信念的 F 检验

学习信念		平方和	自由度	均方	F	显著性
知识获取	组间	66.747	3	22.249	25.008	0.000
	组内	70015.307	78698	0.890		
	总计	70082.054	78701			
综合提升	组间	66.033	3	22.011	31.555	0.000
	组内	54894.957	78698	0.698		
	总计	54960.990	78701			
学习信念	组间	62.268	3	20.756	31.397	0.000
	组内	52026.838	78698	0.661		
	总计	52089.107	78701			

表 3-32　不同年级大学生学习信念的多重比较

因变量		(I)大四及以上	(J)大四及以上	平均值差值(I—J)	标准误	显著性	95%置信区间 下限	95%置信区间 上限
知识获取	Tamhane	1	2	−0.02048	0.00836	0.083	−0.0425	0.0015
		1	3	−0.04282*	0.00884	0.000	−0.0661	−0.0196
		1	4	−0.09478*	0.01164	0.000	−0.1254	−0.0642
		2	1	0.02048	0.00836	0.083	−0.0015	0.0425
		2	3	−0.02234	0.00942	0.102	−0.0471	0.0024
		2	4	−0.07430*	0.01209	0.000	−0.1061	−0.0425
		3	1	0.04282*	0.00884	0.000	0.0196	0.0661
		3	2	0.02234	0.00942	0.102	−0.0024	0.0471
		3	4	−0.05196*	0.01243	0.000	−0.0847	−0.0193
		4	1	0.09478*	0.01164	0.000	0.0642	0.1254
		4	2	0.07430*	0.01209	0.000	0.0425	0.1061
		4	3	0.05196*	0.01243	0.000	0.0193	0.0847
综合提升	Tamhane	1	2	0.01556	0.00742	0.197	−0.0040	0.0351
		1	3	−0.02412*	0.00783	0.012	−0.0447	−0.0035
		1	4	−0.08102*	0.01022	0.000	−0.1079	−0.0541
		2	1	−0.01556	0.00742	0.197	−0.0351	0.0040
		2	3	−0.03969*	0.00837	0.000	−0.0617	−0.0177
		2	4	−0.09658*	0.01064	0.000	−0.1246	−0.0686
		3	1	0.02412*	0.00783	0.012	0.0035	0.0447
		3	2	0.03969*	0.00837	0.000	0.0177	0.0617
		3	4	−0.05690*	0.01093	0.000	−0.0857	−0.0281
		4	1	0.08102*	0.01022	0.000	0.0541	0.1079
		4	2	0.09658*	0.01064	0.000	0.0686	0.1246
		4	3	0.05690*	0.01093	0.000	0.0281	0.0857

续表

因变量		(I)大四及以上	(J)大四及以上	平均值差值(I−J)	标准误	显著性	95％置信区间 下限	95％置信区间 上限
学习信念	Tamhane	1	2	0.00012	0.00722	1.000	−0.0189	0.0191
		1	3	−0.03214*	0.00760	0.000	−0.0521	−0.0121
		1	4	−0.08692*	0.01000	0.000	−0.1132	−0.0606
		2	1	−0.00012	0.00722	1.000	−0.0191	0.0189
		2	3	−0.03225*	0.00816	0.000	−0.0537	−0.0108
		2	4	−0.08703*	0.01044	0.000	−0.1145	−0.0596
		3	1	0.03214*	0.00760	0.000	0.0121	0.0521
		3	2	0.03225*	0.00816	0.000	0.0108	0.0537
		3	4	−0.05478*	0.01071	0.000	−0.0830	−0.0266
		4	1	0.08692*	0.01000	0.000	0.0606	0.1132
		4	2	0.08703*	0.01044	0.000	0.0596	0.1145
		4	3	0.05478*	0.01071	0.000	0.0266	0.0830

注：1、2、3、4分别代表大一、大二、大三、大四，下表同；* 表示平均值差值的显著性水平为 0.05。

二、院校特征变量下学习投入差异分析

1.是否有本科生导师

为了比较有本科生导师与无本科生导师的大学生在学习投入上的差异，本研究采用独立样本 t 检验比较这两类大学生在学习投入及其各子量表上的差异。由于自主学习与学习投入方面的方差均不齐性，所以使用方差不相等时的值；合作学习的方差齐性，所以使用方差相等时的值。

表 3-33 有(无)本科生导师大学生学习投入的差异分析

学习投入	是否有本科生导师	N	平均值	标准差	t 值
自主学习	是	31540	4.5179	0.82369	20.011***
	否	47162	4.3991	0.80648	
合作学习	是	31540	4.5027	0.87344	29.990***
	否	47162	4.3114	0.87946	

续表

学习投入	是否有本科生导师	N	平均值	标准差	t 值
学习投入	是	31540	4.5103	0.75575	28.481***
	否	47162	4.3552	0.73806	

注：*** 表示 $p<0.001$。

从表 3-33 可以看出，有本科生导师与无本科生导师的大学生在自主学习、合作学习与学习投入方面的统计检验呈现显著差异。并且，有本科生导师的大学生在这些方面的均值都显著高于无本科生导师的大学生的均值。在标准差方面，有本科生导师的大学生在自主学习、合作学习与学习投入方面的标准差都大于无本科生导师的大学生的标准差，这说明有本科生导师的大学生在这三方面的离散程度较大。

2.统招与自主招生

为了比较不同招生形式的大学生在学习投入上的差异，本研究采用独立样本 t 检验比较本科统招生与自主招生在学习投入及其各子量表上的差异。由于合作学习与学习投入方面的方差均不齐性，所以使用方差不相等时的值；由于自主学习的方差齐性，所以使用方差相等时的值。

表 3-34　不同招生形式大学生学习投入的差异分析

学习投入	招生形式	N	均值	标准差	t 值
自主学习	本科统招生	64428	4.4538	0.81137	3.328***
	本科自主招生	4623	4.4128	0.79623	
合作学习	本科统招生	64428	4.3755	0.88370	0.527
	本科自主招生	4623	4.3684	0.83781	
学习投入	本科统招生	64428	4.4147	0.74635	2.195*
	本科自主招生	4623	4.3906	0.71805	

注：* 表示 $p<0.05$，*** 表示 $p<0.001$。

从表 3-34 可以看出，不同招生形式的大学生在合作学习方面虽然均值有差异，但是统计检验呈现差异并不显著；在自主学习和学习投入方面的统计检验呈现显著差异。其中，不同招生形式的大学生在自主学习上通过了显著水平为 0.001 的显著性检验，本科统招生在这方面的均值要高于本科自主招生的均值。同时，不同招生形式的大学生在学习投入上通过了显著水平为0.05的显著性检验，本科统招生在学习投入方面的均值要高于本科自主招生的均值。在标准差方面，本科统招生在自主学习和学习投入上的标准差要大于本科自主招生的标准差，这说明本科统招生在这两方面的离散程度较大。

3.年级

为了比较不同年级的大学生在学习投入上的差异，本研究采用方差分析比较不同年级学生在学习投入及其各子量表上的差异。

不同年级的大学生在自主学习上存在显著差异。通过方差齐性检验发现（见表3-35），显著性大于0.05，未违反方差同质性的假定，即为方差齐性。使用校正的事后检验方法（LSD法）对不同年级的差异进行事后检验。结果表明（见表3-37），大一学生的均值小于大三、大四及以上学生的均值，且具有显著差异；大一学生的均值大于大二学生的均值，但是 p 值大于0.05，所以不具有显著差异。大二学生的均值小于大三、大四及以上学生的均值，且差异显著；大二学生的均值小于大一学生的均值，但是 p 值大于0.05，所以不具有显著差异。大三学生的均值大于大一和大二学生的均值，且具有显著差异；大三学生的均值显著小于大四及以上学生的均值。大四及以上学生的均值大于大一、大二、大三学生的均值，且均具有显著差异。

不同年级的大学生在合作学习上存在显著差异。通过方差齐性检验发现（见表3-35），显著性小于0.05，表示违反方差同质性的假定，即为方差不齐性。使用校正的事后检验方法（Tamhane's T2法）对不同年级的差异进行事后检验。结果表明（见表3-37），大一学生的均值小于大二、大三、大四及以上学生的均值，且均具有显著差异。大二学生的均值显著大于大一学生的均值；大二学生的均值小于大三、大四及以上学生的均值，且具有显著差异。大三学生的均值大于大一和大二学生的均值，且均差异显著；大三学生的均值小于大四及以上学生的均值，且差异显著。大四及以上学生的均值大于大一、大二、大三学生的均值，且均具有显著差异。

不同年级的大学生在学习投入上存在显著差异（见表3-36）。通过方差齐性检验发现（见表3-35），显著性大于0.05，未违反方差同质性的假定，即为方差齐性。使用校正的事后检验方法(LSD法)对不同年级的差异进行事后检验。结果表明(见表 3-37),大一学生的均值小于大三、大四及以上学生的均值,且均具有显著差异;大一学生的均值小于大二学生的均值,但是 p 值大于 0.05,所以不具有显著差异。大二学生的均值小于大三、大四及以上学生的均值,且具有显著差异;大二学生的均值大于大一学生的均值,但是 p 值大于 0.05,所以不具有显著差异。大三学生的均值显著大于大一和大二学生的均值;大三学生的均值小于大四及以上学生的均值,且差异显著。大四及以上学生的均值大于大一、大二、大三学生的均值,且均具有显著差异。

表 3-35　不同年级大学生学习投入的方差齐性检验

学习投入	莱文统计	自由度 1	自由度 2	显著性
自主学习	1.591	10	1216	0.104
合作学习	3.141	3	78698	0.024
学习投入	1.939	3	78698	0.121

表 3-36　不同年级大学生学习投入的 F 检验

学习投入		平方和	自由度	均方	F	显著性
自主学习	组间	129.649	3	43.216	65.142	0.000
	组内	52209.500	78698	0.663		
	总计	52339.150	78701			
合作学习	组间	226.427	3	75.476	97.369	0.000
	组内	61002.740	78698	0.775		
	总计	61229.170	78701			
学习投入	组间	171.367	3	57.122	102.199	0.000
	组内	43987.050	78698	0.559		
	总计	44158.410	78701			

表 3-37　不同年级大学生学习投入的多重比较

因变量		(I)大四及以上	(J)大四及以上	平均值差值(I-J)	标准误	显著性	95%置信区间 下限	95%置信区间 上限
自主学习	LSD	1	2	0.00402	0.00724	0.579	-0.0102	0.0182
			3	-0.03636*	0.00768	0.000	-0.0514	-0.0213
			4	-0.12666*	0.00994	0.000	-0.1461	-0.1072
		2	1	-0.00402	0.00724	0.579	-0.0182	0.0102
			3	-0.04038*	0.00803	0.000	-0.0561	-0.0246
			4	-0.13068*	0.01020	0.000	-0.1507	-0.1107
		3	1	0.03636*	0.00768	0.000	0.0213	0.0514
			2	0.04038*	0.00803	0.000	0.0246	0.0561
			4	-0.09030*	0.01052	0.000	-0.1109	-0.0697
		4	1	0.12666*	0.00994	0.000	0.1072	0.1461
			2	0.13068*	0.01020	0.000	0.1107	0.1507
			3	0.09030*	0.01052	0.000	0.0697	0.1109
合作学习	Tamhane	1	2	-0.02407*	0.00786	0.013	-0.0448	-0.0034
			3	-0.07962*	0.00831	0.000	-0.1015	-0.0578
			4	-0.16955*	0.01055	0.000	-0.1973	-0.1418
		2	1	0.02407*	0.00786	0.013	0.0034	0.0448
			3	-0.05556*	0.00868	0.000	-0.0784	-0.0327
			4	-0.14549*	0.01084	0.000	-0.1740	-0.1170
		3	1	0.07962*	0.00831	0.000	0.0578	0.1015
			2	0.05556*	0.00868	0.000	0.0327	0.0784
			4	-0.08993*	0.01117	0.000	-0.1193	-0.0605
		4	1	0.16955*	0.01055	0.000	0.1418	0.1973
			2	0.14549*	0.01084	0.000	0.1170	0.1740
			3	0.08993*	0.01117	0.000	0.0605	0.1193

续表

因变量		(I)大四及以上	(J)大四及以上	平均值差值(I−J)	标准误	显著性	95%置信区间 下限	95%置信区间 上限
学习投入	LSD	1	2	−0.01002	0.00664	0.131	−0.0230	0.0030
		1	3	−0.05799*	0.00705	0.000	−0.0718	−0.0442
		1	4	−0.14811*	0.00912	0.000	−0.1660	−0.1302
		2	1	0.01002	0.00664	0.131	−0.0030	0.0230
		2	3	−0.04797*	0.00737	0.000	−0.0624	−0.0335
		2	4	−0.13808*	0.00937	0.000	0.1564	−0.1197
		3	1	0.05799*	0.00705	0.000	0.0442	0.0718
		3	2	0.04797*	0.00737	0.000	0.0335	0.0624
		3	4	−0.09011*	0.00966	0.000	−0.1090	−0.0712
		4	1	0.14811*	0.00912	0.000	0.1302	0.1660
		4	2	0.13808*	0.00937	0.000	0.1197	0.1564
		4	3	0.09011*	0.00966	0.000	0.0712	0.1090

注：* 表示平均值差值的显著性水平为 0.05。

三、院校特征变量下学校环境差异分析

1.是否有本科生导师

为了比较有本科生导师与无本科生导师的大学生在学校环境上的差异，本研究采用独立样本 t 检验比较这两类大学生在学校环境及其各子量表上的差异。由于教师教学、制度氛围和整体学校环境方面的方差均不齐性，所以使用方差不相等时的值；由于后勤资源与人际关系的方差齐性，所以使用方差相等时的值(见表 3-38)。

表 3-38　有(无)本科生导师大学生学校环境的差异分析

学校环境	是否有本科生导师	N	平均值	标准差	t 值
教师教学	是	31540	4.9572	0.79838	17.527***
	否	47162	4.8555	0.79644	
制度氛围	是	31540	4.4607	0.89597	26.514
	否	47162	4.2880	0.89488	
后勤资源	是	31540	4.4692	0.93736	25.377***
	否	47162	4.2951	0.94747	
人际关系	是	31540	4.8205	0.80265	28.308***
	否	47162	4.6570	0.78802	
学校环境	是	31540	4.6464	0.75156	28.604***
	否	47162	4.4916	0.73348	

注：*** 表示 $p<0.001$。

从表 3-38 可以看出，有本科生导师与无本科生导师的大学生虽然在制度氛围上的均值存在差异，但是统计检验呈现差异并不显著；在教师教学、后勤资源、人际关系和整体学校环境方面的统计检验呈现显著差异。并且，有本科生导师的大学生在这些方面的均值都显著高于无本科生导师的大学生的均值。在标准差方面，有本科生导师的大学生在教师教学、人际关系和学校环境上的标准差大于没有本科生导师的大学生的标准差，而在后勤资源方面的标准差要小于没有本科生导师的大学生的标准差，这说明在教师教学、人际关系和整体学校环境上，有本科生导师的大学生的离散程度较大；在后勤资源上没有本科生导师的大学生的离散程度较大。

2. 统招与自主招生

为了比较不同招生形式的大学生在学校环境的差异，本研究采用独立样本 t 检验比较本科统招生与自主招生在学校环境及其各子量表上的差异。由于在制度氛围、后勤资源、人际关系与整体学校环境上的方差均不齐性，所以使用方差不相等时的值；由于教师教学的方差齐性，所以使用方差相等时的值（见表 3-39）。

表 3-39　不同招生形式大学生学校环境的差异分析

学校环境	招生形式	N	均值	标准差	t 值
教师教学	本科统招生	64428	4.9046	0.79244	7.182***
	本科自主招生	4623	4.8181	0.77287	
制度氛围	本科统招生	64428	4.3441	0.90040	−0.111
	本科自主招生	4623	4.3456	0.85371	
后勤资源	本科统招生	64428	4.3522	0.95298	−0.536
	本科自主招生	4623	4.3595	0.89130	
人际关系	本科统招生	64428	4.7221	0.79359	3.350***
	本科自主招生	4623	4.6828	0.76836	
学校环境	本科统招生	64428	4.5480	0.74070	2.337**
	本科自主招生	4623	4.5227	0.70989	

注：** 表示 $p<0.01$，*** 表示 $p<0.001$。

从表 3-39 可以看出，不同招生形式的大学生虽然在制度氛围和后勤资源方面的均值有差异，但是统计检验呈现差异并不显著；在教师教学、人际关系和学校环境方面的统计检验呈现显著差异。其中，不同招生形式的大学生在教师教学和人际关系上通过了显著水平为 0.001 的显著性检验，本科统招生在这方面的均值要高于本科自主招生的均值。而不同招生形式的大学生在学校环境上通过了显著水平为 0.01 的显著性检验，本科统招生在学校环境方面的均值要高于本科自主招生的均值。在标准差方面，本科统招生在教师教学、人际关系和学校环境上的标准差要大于本科自主招生的标准差，这说明本科统招生在这三方面的离散程度较大。

3. 年级

为了比较不同年级的大学生在学校环境上的差异，本研究采用方差分析比较不同年级学生在学校环境及其各子量表上的差异。

不同年级的大学生在教师教学的满意度上存在显著差异。通过方差齐性检验发现（见表 3-40），显著性小于 0.05，表示违反方差同质性的假定，即为方差不齐性。使用校正的事后检验方法（Tamhane's T2 法）对不同年级的差异进行事后检验。结果表明（见表 3-42），大一学生的均值大于大二学生的均值，且差异显著;大一学生的均值高于大三学生的均值,但是 p 值为1,所以不具有显著差异;大一学生的均值显著小于大四及以上学生。大二学生的均值小于大一、大三、大四及以上学生的均值,且均差异显著。大三学生的均值小于大四及以上学生的均值,且均具有显著差异;大三学生的均值小于大一学生的均值,但是 p 值为1,所以不具有显著差异;大三学生的均值大于大二学生的均值,且差异显著。大四及以上学生的均值大于大一、大二、大三学生的均值,且均差异显著。

不同年级的大学生在制度氛围的满意度上存在显著差异。通过方差齐性检验发现(见表3-40),显著性小于0.05,表示违反方差同质性的假定,即为方差不齐性。使用校正的事后检验方法(Tamhane's T2法)对不同年级的差异进行事后检验。结果表明(见表3-42),大一学生的均值大于大二、大三学生的均值,且均差异显著;大一学生的均值低于大四及以上学生的均值,但是 p 值大于0.05,所以不具有显著差异。大二学生的均值低于大一、大四及以上学生的均值,且具有显著差异;大二学生的均值高于大三学生的均值,但是 p 值接近1,所以不具有显著差异。大三学生的均值小于大一、大四及以上学生的均值,且均差异显著;大三学生的均值小于大二学生的均值,但是 p 值大于0.05,所以不具有显著差异。大四及以上学生的均值大于大二、大三学生的均值,且均差异显著;大四及以上学生的均值大于大一学生的均值,但是 p 值大于0.05,所以不具有显著差异。

不同年级大学生在后勤资源的满意度上存在显著差异。通过方差齐性检验发现(见表3-40),显著性小于0.05,表示违反方差同质性的假定,即为方差不齐性。使用校正的事后检验方法(Tamhane's T2法)对不同年级的差异进行事后检验。结果表明(见表3-42),大一学生的均值大于大二、大三学生的均值,且均差异显著;大一学生的均值显著小于大四及以上学生的均值。大二学生的均值小于大一、大四及以上学生的均值,且均具有显著差异;大二学生的均值小于大三学生的均值,但是 p 值接近1,所以不具有显著差异。大三学生的均值小于大一、大四及以上学生的均值,且均差异显著;虽然大三学生的均值大于大二学生的均值,但是 p 值接近1,所以不具有显著差异。大四及以上学生的均值大于大一、大二、大三学生的均值,且均差异显著。

不同年级的大学生在人际关系的满意度上存在显著差异。通过方差齐性检验发现(见表3-40),显著性小于0.05,表示违反方差同质性的假定,即为方差不齐性。使用校正的事后检验方法(Tamhane's T2法)对不同年级的差异进行事后检验。结果表明(见表3-42),大一学生的均值显著大于大二学生的均值;大一学生的均值大于大三学生的均值,但是p值大于0.05,所以不具有显著差异;大一学生的均值小于大四及以上学生的均值,且差异显著。大二学生的均值低于大一、大三、大四及以上学生的均值,且均差异显著。大三学生的均值低于大一学生,但是p值大于0.05,所以不具有显著差异;大三学生的均值显著高于大二学生的均值;大三学生的均值小于大四及以上学生的均值,且差异显著。大四及以上学生的均值高于大一、大二、大三学生的均值,且均差异显著。

不同年级大学生在学校环境上存在显著差异(见表3-41)。通过方差齐性检验发现(见表3-40),显著性大于0.05,未违反方差同质性的假定,即为方差齐性。使用校正的事后检验方法(LSD法)对不同年级的差异进行事后检验。结果表明(见表3-42),大一学生的均值大于大二、大三学生的均值,且具有显著差异;大一学生的均值显著小于大四及以上学生的均值。大二学生的均值小于大一、大四及以上学生的均值,且差异显著;大二学生的均值小于大三学生的均值,但是p值大于0.05,所以不具有显著差异。大三学生的均值小于大一、大四及以上学生的均值,且均具有显著差异;大三学生的均值大于大二学生的均值,但是p值大于0.05,所以不具有显著差异。大四及以上学生的均值大于大一、大二、大三学生的均值,且均差异显著。

表3-40 不同年级大学生学校环境的方差齐性检验

学校环境		莱文统计	自由度1	自由度2	显著性
教师教学	基于平均值	8.241	3	78698	0.000
制度氛围	基于平均值	3.839	3	78698	0.009
后勤资源	基于平均值	4.645	3	78698	0.003
人际关系	基于平均值	4.257	3	78698	0.005
学校环境	基于平均值	1.881	3	78698	0.130

表 3-41　不同年级大学生学校环境的 F 检验

学校环境		平方和	自由度	均方	F	显著性
教师教学	组间	49.973	3	16.658	26.133	0.000
	组内	50163.850	78698	0.637		
	总计	50213.820	78701			
制度氛围	组间	289.107	3	96.369	119.698	0.000
	组内	63360.000	78698	0.805		
	总计	63649.110	78701			
后勤资源	组间	226.695	3	75.565	84.479	0.000
	组内	70394.150	78698	0.894		
	总计	70620.850	78701			
人际关系	组间	297.986	3	99.329	156.929	0.000
	组内	49812.250	78698	0.633		
	总计	50110.240	78701			
学校环境	组间	175.091	3	58.364	105.673	0.000
	组内	43465.280	78698	0.552		
	总计	43640.380	78701			

表 3-42　不同年级大学生学校环境的多重比较

因变量		(I)大四及以上	(J)大四及以上	平均值差值(I－J)	标准误	显著性	95%置信区间 下限	95%置信区间 上限
教师教学	Tamhane	1	2	0.02469*	0.00711	0.003	0.0060	0.0434
		1	3	0.00271	0.00753	1.000	－0.0171	0.0225
		1	4	－0.06378*	0.00961	0.000	－0.0891	－0.0385
		2	1	－0.02469*	0.00711	0.003	－0.0434	－0.0060
		2	3	－0.02198*	0.00794	0.033	－0.0429	－0.0011
		2	4	－0.08847*	0.00994	0.000	－0.1146	－0.0623
		3	1	－0.00271	0.00753	1.000	－0.0225	0.0171
		3	2	0.02198*	0.00794	0.033	0.0011	0.0429
		3	4	－0.06649*	0.01024	0.000	－0.0934	－0.0396
		4	1	0.06378*	0.00961	0.000	0.0385	0.0891
		4	2	0.08847*	0.00994	0.000	0.0623	0.1146
		4	3	0.06649*	0.01024	0.000	0.0396	0.0934

续表

因变量		(I)大四及以上	(J)大四及以上	平均值差值(I−J)	标准误	显著性	95%置信区间 下限	95%置信区间 上限
制度氛围	Tamhane	1	2	0.11048*	0.00795	0.000	0.0896	0.1314
		1	3	0.11727*	0.00845	0.000	0.0950	0.1395
		1	4	−0.02807	0.01100	0.063	−0.0570	0.0009
		2	1	−0.11048*	0.00795	0.000	−0.1314	−0.0896
		2	3	0.00679	0.00892	0.971	−0.0167	0.0303
		2	4	−0.13855*	0.01137	0.000	−0.1685	−0.1086
		3	1	−0.11727*	0.00845	0.000	−0.1395	−0.0950
		3	2	−0.00679	0.00892	0.971	−0.0303	0.0167
		3	4	−0.14535*	0.01172	0.000	−0.1762	−0.1145
		4	1	0.02807	0.01100	0.063	−0.0009	0.0570
		4	2	0.13855*	0.01137	0.000	0.1086	0.1685
		4	3	0.14535*	0.01172	0.000	0.1145	0.1762
后勤资源	Tamhane	1	2	0.04725*	0.00843	0.000	0.0251	0.0694
		1	3	0.04032*	0.00898	0.000	0.0167	0.0639
		1	4	−0.13086*	0.01124	0.000	−0.1604	−0.1013
		2	1	−0.04725*	0.00843	0.000	−0.0694	−0.0251
		2	3	−0.00693	0.00937	0.975	−0.0316	0.0177
		2	4	−0.17811*	0.01156	0.000	−0.2085	−0.1477
		3	1	−0.04032*	0.00898	0.000	−0.0639	−0.0167
		3	2	0.00693	0.00937	0.975	−0.0177	0.0316
		3	4	−0.17118*	0.01197	0.000	−0.2027	−0.1397
		4	1	0.13086*	0.01124	0.000	0.1013	0.1604
		4	2	0.17811*	0.01156	0.000	0.1477	0.2085
		4	3	0.17118*	0.01197	0.000	0.1397	0.2027

续表

因变量		(I)大四及以上	(J)大四及以上	平均值差值(I−J)	标准误	显著性	95%置信区间 下限	上限
人际关系	Tamhane	1	2	0.04141*	0.00709	0.000	0.0228	0.0601
		1	3	0.01060	0.00747	0.639	−0.0091	0.0303
		1	4	−0.17109*	0.00969	0.000	−0.1966	−0.1456
		2	1	−0.04141*	0.00709	0.000	−0.0601	−0.0228
		2	3	−0.03081*	0.00785	0.001	−0.0515	−0.0101
		2	4	−0.21250*	0.00998	0.000	−0.2388	−0.1862
		3	1	−0.01060	0.00747	0.639	−0.0303	0.0091
		3	2	0.03081*	0.00785	0.001	0.0101	0.0515
		3	4	−0.18170*	0.01026	0.000	−0.2087	−0.1547
		4	1	0.17109*	0.00969	0.000	0.1456	0.1966
		4	2	0.21250*	0.00998	0.000	0.1862	0.2388
		4	3	0.18170*	0.01026	0.000	0.1547	0.2087
学校环境	LSD	1	2	0.06281*	0.00660	0.000	0.0499	0.0757
		1	3	0.05256*	0.00701	0.000	0.0388	0.0663
		1	4	−0.08754*	0.00907	0.000	−0.1053	−0.0698
		2	1	−0.06281*	0.00660	0.000	−0.0757	−0.0499
		2	3	−0.01024	0.00732	0.162	−0.0246	0.0041
		2	4	−0.15034*	0.00931	0.000	−0.1686	−0.1321
		3	1	−0.05256*	0.00701	0.000	−0.0663	−0.0388
		3	2	0.01024	0.00732	0.162	−0.0041	0.0246
		3	4	−0.14010*	0.00960	0.000	−0.1589	−0.1213
		4	1	0.08754*	0.00907	0.000	0.0698	0.1053
		4	2	0.15034*	0.00931	0.000	0.1321	0.1686
		4	3	0.14010*	0.00960	0.000	0.1213	0.1589

注：* 表示平均值差值的显著性水平为 0.05。

第四章

大学生学习模式对学习收获的影响机制分析

一方面,从学生主体视角而言,大学生学习模式作为一个完整体系而存在,不同大学生的学习模式具有类型差异,不同类型的学习模式群体形成不同的学习收获;另一方面,从抽象的要素而言,大学生学习模式构成要素对学习收获各要素具有理性影响。从大学生学习模式现实类型的识别及其与学习收获的对应关系分析,以及理性关联两个维度,探究大学生学习模式对学习收获的影响机制。

第一节　大学生学习模式的类型识别及特征分析

一、大学生学习模式的类型识别

1.以模块聚类

本研究以大学生学习模式的各模块为分类依据,使用 K-means 聚类分析法对大学生进行分类,从而识别学习模式的类型。通过对学习模式进行多次分类,最终可将学习模式划分为三个类别(见表4-1),既没有重合的类别,也没有缺失的类别,且具有显著差异。其中第1类占总样本的比例为27.81%,第2类所占比例为48.49%,第3类所占比例为23.29%。

表 4-1 以模块聚类的学习模式类型表($N=78702$)

学习模式要素	聚类 1	聚类 2	聚类 3
学习信念	5.52	5.02	3.87
学习投入	5.21	4.28	3.76
学校环境	5.33	4.40	3.95
计数	21890	38479	18333
比例/%	27.81	48.49	23.29

通过对表4-1的分析与解读,探讨不同学习模式的特点。我们可以看出,这三类学习模式的特点具有较大的差异。

第1类学习模式的特点:学习信念、学习投入与学校环境的均值都大于5,且学习信念的均值最高。这表明该类学生的学习信念很强,学习投入与学校环境的值较高。

第2类学习模式的特点:学习信念均值大于5,学习信念较强。同时,这类学习模式的学习投入与学校环境的值处于中上水平,均值大于4。

第3类学习模式的特点:学习信念、学习投入与学校环境得分均较低,均值都小于4。这表明该类学生的学习信念较弱,学习投入与学校环境的满意度较低。

表 4-2 学习模式类型的 F 检验

学习模式要素	聚类 均方	聚类 自由度	误差 均方	误差 自由度	F 值	显著性
学习信念	14174.478	2	0.302	78699	46988.632	0.000
学习投入	11259.347	2	0.275	78699	40947.818	0.000
学校环境	10349.543	2	0.292	78699	35503.614	0.000

根据表4-2可知,这三类学生学习信念、学习投入与学校环境构成的学习模式具有显著性差异($p<0.05$),说明此次聚类有效。

2.以因子聚类

学习信念包括知识获取与综合提升两个维度;学习投入包括自主学习与合作学习两个维度;学校环境包括教师教学、制度环境、后勤资源和人际关系四个维度。本研究也以大学生学习模式的各因子为分类依据,使用 K-means 聚类分析法对大学生进行分类。通过对学习模式进行多次分类,最终将学生分为四个类别,既没有重合的类别,也没有缺失的类别,且具有显著差异(见表4-3)。其中第 1 类学生占总样本的比例为 28.34%,第 2 类学生所占比例为31.88%,第 3 类学生所占比例为 8.00%,第 4 类学生所占比例为 31.78%。

表 4-3 以因子聚类的学习模式类型表($N=78702$)

学习模式要素	聚类 1	聚类 2	聚类 3	聚类 4
知识获取	3.98	5.09	3.61	5.28
综合提升	4.43	5.33	3.98	5.51
自主学习	4.02	4.49	3.63	4.98
合作学习	3.99	4.29	3.30	5.12
教师教学	4.59	4.78	3.97	5.52
制度环境	4.23	3.94	2.93	5.24
后勤资源	4.33	3.90	2.92	5.23
人际关系	4.50	4.47	3.59	5.45
计数	22301	25094	6298	25009
比例/%	28.34	31.88	8.00	31.78

通过对表 4-3 的解读,可以看出这四类学习模式具有较大的差异。由此,我们可以进一步分析不同学习模式的特点,并对其进行描述。

第 1 类学习模式的特点:学习信念与学习投入方面属于中等水平。其中,综合提升学习信念的得分高于知识获取;自主学习学习投入的得分高于合作学习。在学校环境方面,这类学习模式属于中上水平,学生对教师教学、制度环境、后勤资源与人际关系的学校环境均值均大于 4。

第 2 类学习模式的特点:学习信念的均值都大于 5,说明这类学习模式不论是知识获取,还是综合提升学习信念都很强。在学习投入方面,这类学习模式属于中上水平,自主学习与合作学习的均值得分均大于4。然而,学校环境的各个因子得分却较低,特别是制度环境和后勤资源因子的得分都小于4,要明显低于学校环境中的其他两个因子。从而可以看出这类学生的学习信念较强,但是学习投入度与学校环境属于一般水平。

第3类学习模式的特点:学习信念与学习投入均值较低,均小于4。其中,综合提升学习信念的得分高于知识获取;自主学习学习投入的得分高于合作学习。这类学生在学校环境方面属于低水平,制度环境和后勤资源因子的得分均低于3。由此可知,这类学生的学习信念较弱,学习投入度与学校环境较低。

第4类学习模式的特点:学习信念与学校环境的均值均大于5,说明学习模式中的知识获取与综合提升学习信念都很强,学生对教师教学、制度环境、后勤资源与人际关系的满意度也较高。其中,综合提升学习信念要强于知识获取学习信念,教师教学满意度要高于学校环境中的其他三个因子。与此同时,这一类学习模式的学习投入度也很高,合作学习因子的得分大于5,自主学习因子的得分也接近于5。所以,这一类学习模式的学习信念强,学校环境满意度与学习投入度高。

表4-4 学习模式类型的 F 检验

学习模式要素	聚类 均方	自由度	误差 均方	自由度	F 值	显著性
知识获取	10442.173	3	0.492	78698	21204.148	0.000
综合提升	7666.516	3	0.406	78698	18877.105	0.000
自主学习	5127.507	3	0.470	78698	10918.869	0.000
合作学习	8169.860	3	0.467	78698	17509.774	0.000
教师教学	5864.437	3	0.415	78698	14148.138	0.000
制度环境	12308.436	3	0.340	78698	36246.688	0.000
后勤资源	12384.115	3	0.425	78698	29120.071	0.000
人际关系	8007.848	3	0.331	78698	24157.973	0.000

根据表4-4可知,这四类学生知识获取、综合提升、自主学习、合作学习、教师教学、制度环境、后勤资源与人际关系的学习模式都具有显著性差异($p<0.05$),说明此次聚类有效。

二、不同学生学习模式类型的学习收获分析

1.基于模块的不同学习模式类型的学习收获

比较基于模块的不同学习模式类型下"学术性收获""社会性收获"和整体"学习收获"均值,并进行单因素方差检验。通过方差检验及事后比较发现,不同学习模式类型学生在"学术性收获"、"社会性收获"和整体"学习收获"方面的均值均具有显著差异($p<0.05$)。从表 4-5 中可以看出,在"学术性收获"方面,"类型 1"的均值最高,"类型 3"的均值最低;在"社会性收获"和整体"学习收获"方面,同样是"类型 1"的均值最高,"类型 3"的均值最低。

表 4-5 不同学习模式类型的学习收获表

学习收获	学习模式类型	N	均值	标准差	F 值	显著性
学术性收获	1	21890	5.27	0.69	22083.226	0.000
	2	38479	4.30	0.72		
	3	18333	3.76	0.83		
社会性收获	1	21890	5.48	0.52	26001.125	0.000
	2	38479	4.70	0.59		
	3	18333	4.09	0.76		
学习收获	1	21890	5.41	0.52	30158.404	0.000
	2	38479	4.56	0.56		
	3	18333	3.98	0.72		

2.基于因子的学习模式类型的学习收获

比较基于各因子分类的不同学习模式下"学术性收获""社会性收获"和整体"学习收获"均值,并进行单因素方差检验。通过方差检验及事后比较发现,不同学习模式类型学生在"学术性收获""社会性收获"和整体"学习收获"方面的均值具有显著差异($p<0.05$)。由表 4-6 可知,在"学术性收获"方面,"类型 4"的均值最高,"类型 3"的均值最低,"类型 2"的均值高于"类型 1"的均值;在"社会性收获"和整体"学习收获"方面,不同因子类型的均值高低表现同"学术性收获"。

表 4-6 基于因子的不同学习模式类型的学习收获表

学习收获	学习模式类型	N	均值	标准差	F 值	显著性
学术性收获	1	22301	4.09	0.67	14928.244	0.000
	2	25094	4.30	0.76		
	3	6298	3.33	0.98		
	4	25009	5.18	0.71		
社会性收获	1	22301	4.43	0.59	16415.578	0.000
	2	25094	4.71	0.62		
	3	6298	3.75	0.95		
	4	25009	5.40	0.54		
学习收获	1	22301	4.32	0.55	19507.272	0.000
	2	25094	4.57	0.59		
	3	6298	3.61	0.89		
	4	25009	5.32	0.54		

第二节 学习模式构成因子之间的相关性及影响分析

一、学习模式构成因子之间的相关性分析

对学习模式构成因子进行相关性分析,由表 4-7 可知,诸要素之间均呈正相关关系,并在 1% 的水平上显著。其中知识获取与综合提升呈较强的正相关关系,相关系数为 0.700；自主学习与合作学习呈较强的正相关关系,相关系数为 0.557；合作学习与制度氛围呈较强的正相关关系,相关系数为 0.516；教师教学与制度氛围呈较强的正相关关系,相关系数为 0.537；制度氛围与后勤资源呈较强的正相关关系,相关系数为 0.779；合作学习、教师教学、制度氛围、后勤资源与人际关系也呈较强的正相关关系,相关系数分别为 0.528、0.648、0.730、0.610。

表 4-7　学习模式构成因子之间的关联性分析表

学习模式构成因子	知识获取	综合提升	自主学习	合作学习	教师教学	制度氛围	后勤资源	人际关系
知识获取	1							
综合提升	0.700**	1						
自主学习	0.414**	0.476**	1					
合作学习	0.392**	0.391**	0.557**	1				
教师教学	0.342**	0.395**	0.380**	0.452**	1			
制度氛围	0.317**	0.315**	0.353**	0.516**	0.537**	1		
后勤资源	0.278**	0.276**	0.308**	0.434**	0.463**	0.779**	1	
人际关系	0.332**	0.367**	0.390**	0.528**	0.648**	0.730**	0.610**	1

注：** 表示 $p<0.01$，* 表示 $p<0.05$。

二、学校环境对大学生学习投入的影响分析

（一）学校环境对自主学习的影响分析

将学校环境各维度作为自变量，通过多元线性回归模型探究其对自主学习的影响，由表 4-8 可知，$R^2=0.187$，说明学校环境可以解释自主学习 18.7% 的变化原因，且 $F=4528.396$，$p<0.05$，说明学校环境与自主学习之间存在显著的线性关系。具体来看各变量的回归情况，可见"教师教学""制度氛围""后勤资源""人际关系"四个自变量的 t 检验均通过，所得 $p<0.05$，表明四个自变量均对因变量"自主学习"有显著影响。根据模型所得的标准化回归系数可知，不同自变量对自主学习的影响程度有所区别，由大到小为教师教学、人际关系、制度氛围、后勤资源。

表 4-8　学校环境对自主学习的回归分析

变量	非标准化系数 B	标准误	标准化系数 Beta	t	显著性
（常数）	8.438	0.071	—	118.663	0.000
教师教学	0.140	0.003	0.205	48.154	0.000

续表

变量	非标准化系数 B	标准误	标准化系数 Beta	t	显著性
制度氛围	0.036	0.002	0.088	14.762	0.000
后勤资源	0.024	0.003	0.042	8.157	0.000
人际关系	0.136	0.004	0.167	31.714	0.000
R^2			0.187		
调整后的 R^2			0.187		
F 值			4528.396		

（二）学校环境对合作学习的影响分析

将学校环境各维度作为自变量，通过多元线性回归模型探究其对合作学习的影响，由表 4-9 可知，$R^2=0.331$，说明学校环境可以解释自主学习 33.1% 的变化原因，且 $F=9717.636$，$p<0.05$，说明学校环境与合作学习之间存在显著的线性关系。具体来看各变量的回归情况，可见"教师教学""制度氛围""后勤资源""人际关系"四个自变量的 t 检验均通过，所得 $p<0.05$，表明四个自变量均对因变量"合作学习"有显著影响。根据模型所得的标准化回归系数可知，不同自变量对合作学习的影响程度有所区别，由大到小为人际关系、制度氛围、教师教学、后勤资源。

表 4-9 学校环境对合作学习的回归分析

变量	非标准化系数 B	标准误	标准化系数 Beta	t	显著性
（常数）	4.681	0.070	—	67.074	0.000
教师教学	0.117	0.003	0.158	40.998	0.000
制度氛围	0.101	0.002	0.231	42.516	0.000
后勤资源	0.024	0.003	0.038	8.093	0.000
人际关系	0.207	0.004	0.234	48.982	0.000
R^2			0.331		
调整后的 R^2			0.331		
F 值			9717.636		

（三）学校环境对总体学习投入的影响分析

将学校环境各维度作为自变量，通过多元线性回归模型探究其对总体学习投入的影响，由表 4-10 可知，$R^2=0.327$，说明学校环境可以解释自主学习 32.7% 的变化原因，且 $F=9550.412$，$p<0.05$，说明学校环境与总体学习投入之间存在显著的线性关系。具体来看各变量的回归情况，可见"教师教学""制度氛围""后勤资源""人际关系"四个自变量的 t 检验均通过，所得 $p<0.05$，表明四个自变量均对因变量"总体学习投入"有显著影响。根据模型所得的标准化回归系数可知，不同自变量对合作学习的影响程度有所区别，由大到小为人际关系、教师教学、制度氛围、后勤资源。

表 4-10 学校环境对总体学习投入的回归分析

变量	非标准化系数 B	标准误	标准化系数 Beta	t	显著性
（常数）	13.119	0.119	—	110.359	0.000
教师教学	0.256	0.005	0.205	52.873	0.000
制度氛围	0.136	0.004	0.184	33.790	0.000
后勤资源	0.048	0.005	0.045	9.630	0.000
人际关系	0.343	0.007	0.228	47.727	0.000
R^2			0.327		
调整后的 R^2			0.327		
F 值			9550.412		

第三节 学习模式构成因子对学习收获的影响分析

在明确学习模式类型及特征的基础上，本书采用阶层多元回归分析法，以学习收获为因变量，学习模式构成因子作为自变量，进一步探讨学习模式构成因子对于大学生学习收获的影响。由于学习收获是一个潜变量，包括"学术性学习收获"和"社会性学习收获"两个维度。为了深入研究学习模式构成要素对于大学生学习收获的影响,本书在对作为潜变量的学习收获分析之前,先探讨学习模式构成要素对"学术性学习收获"和"社会性学习收获"两个维度的影响。

一、学习模式构成因子对学术性学习收获的影响

采用阶层多元回归分析法来探究大学生学习模式构成因子对学术性学习收获的影响,以学术性收获作为因变量,学习信念、学习投入和学校环境作为自变量。学习信念包括知识获取与综合提升两个维度;学习投入包括自主学习与合作学习两个维度;学校环境包括教师教学、制度环境、后勤资源和人际关系四个维度,数据分析结果见表 4-11。

表 4-11 学习模式构成因子对学术性学习收获的回归摘要表

阶层变量	预测变量	区组一 标准系数	区组一 t 值	区组二 标准系数	区组二 t 值	区组三 标准系数	区组三 t 值
学习信念	知识获取	0.239	53.075***	0.095	25.897***	0.069	20.355***
	综合提升	0.226	50.098***	0.056	14.936***	0.024	6.685***
学习投入	自主学习			0.132	40.009***	0.112	36.407***
	合作学习			0.531	167.084***	0.382	117.744***
学校环境	教师教学					0.037	11.341***
	制度环境					0.265	58.758***
	后勤资源					0.008	1.969*
	人际关系					0.049	12.381***
回归模型摘要	F 值	8863.746		17997.546		12063.240	
	R^2	0.184		0.478		0.551	
	F 变化值	8863.746		22143.578		3201.338	
	R^2 变化值	0.184		0.294		0.073	

注:* 表示 $p<0.05$,*** 表示 $p<0.001$。

由表 4-11 可知,三个区组能够有效解释因变量 55.1% 的变异量,解释力较高。三个阶层的解释变异量 R^2 分别为 0.184、0.478 和 0.551,F 值分别为 8863.746、17997.546 和 12063.24,且均达显著水平($p<0.05$)。R^2 的变化量分

别为 0.184、0.294、0.073，F 值的变化量分别为 8863.746、22143.578、3201.338，且均达显著水平（$p<0.05$），说明回归效果具有统计意义与实务意义。

第一区组中自变量对因变量的解释力 $R^2=0.184$，且非常显著。知识获取的标准系数为正值，说明知识获取值越高，学术性学习收获值越高。综合提升的标准系数为正值，说明综合提升的值越高，学术性学习收获值越高。与此同时，知识获取变量标准化系数为 0.239，知识获取变量的贡献大于综合提升变量的贡献，即学习信念区组对模型的贡献主要由知识获取的学习信念变量贡献。

在第二区组的自变量投入模型中，自变量对因变量具有显著的解释力，解释学术性学习收获变异量的 47.8%。在第一区组模型的基础上，解释变异增加 29.4% 且达到显著性水平，具有统计学意义。这说明，投入学习投入变量区组后能够有效提升模型的解释力。自主学习的标准系数为正值，表示自主学习值越高，学术性学习收获值越高。合作学习的标准系数为正值，说明合作学习值越高，学术性学习收获值越高。在自主学习与合作学习两个变量中，合作学习变量的贡献较大，标准化系数为 0.531，且非常显著；自主学习变量的标准化系数为 0.132，也非常显著。总之，学习投入区组对模型的贡献主要由合作学习的学习投入变量贡献。

新增第三区组后，对于因变量的解释力增量为 7.3%，具有统计学意义。表明学校环境变量区组的投入能够有效提升模型的解释力，使模型整体的解释力达到 55.1%，且具有统计学意义。在第三区组的四个变量中，制度环境变量的贡献最大，其标准系数为 0.265，非常显著。

从整体来看，学习信念、学习投入和学校环境均对因变量的变异具有解释力。但从解释力增量来看，学习投入具有更强的解释力。

二、学习模式构成因子对社会性学习收获的影响

以社会性学习收获作为因变量，学习信念、学习投入和学校环境作为自变量，使用阶层多元回归分析法进行分析。学习信念包括知识获取与综合提升两个维度；学习投入包括自主学习与合作学习两个维度；学生感知的学校环

境包括教师教学、制度环境、后勤资源和人际关系四个维度,数据分析结果见表4-12。

表4-12 学习模式构成因子对社会性学习收获的回归摘要表

阶层变量	预测变量	区组一 标准系数	区组一 t值	区组二 标准系数	区组二 t值	区组三 标准系数	区组三 t值
学习信念	知识获取	0.143	32.994***	0.008	2.100*	−0.014	−4.441***
	综合提升	0.388	89.741***	0.216	58.864***	0.150	44.937***
学习投入	自主学习			0.187	58.203***	0.152	52.396***
	合作学习			0.454	146.768***	0.289	93.988***
学校环境	教师教学					0.164	53.183***
	制度环境					0.061	14.406***
	后勤资源					0.036	9.861***
	人际关系					0.186	49.555***
回归模型摘要	F值	13015.447		20023.702		14689.745	
	R^2	0.249		0.504		0.599	
	F变化值	13015.447		20313.340		4637.220	
	R^2变化值	0.249		0.256		0.095	

注:*表示$p<0.05$,***表示$p<0.001$。

由表4-12可知,三个区组能够有效解释因变量59.9%的变异量,解释力较高。三个阶层的解释变异量R^2分别为0.249、0.504、0.599,F值分别为13015.447、20023.702和14689.745,且均达显著水平($p<0.05$)。R^2的变化量分别为0.249、0.256、0.095,F值的变化量分别为13015.447、20313.34、4637.22,且均达到显著水平($p<0.05$),说明回归效果具有统计意义与实务意义。

第一区组自变量对因变量具有显著解释力,两个变量能解释社会性学习收获变异的24.9%。知识获取的标准系数为正值,表示知识获取值越高,社会性学习收获值越高。综合提升的标准系数为正值,表示综合提升值越高,社会性学习收获值越高。在知识获取与综合提升两个变量中,知识获取的标准化系数为0.143,综合提升的标准化系数为0.388,综合提升变量的贡献大于知识获取变量的贡献。总的来说,学习信念区组对模型的贡献主要由综合提升的学习信念变量贡献。

在第二区组的自变量投入模型中,自变量对因变量具有显著的解释力,解释社会性学习收获变异量的 50.4%。在第一区组模型的基础上投入学习投入变量区组后解释变异增加 25.5%,有效提升模型的解释力,且达到显著性水平,具有统计学意义。自主学习的标准系数为正值,表明自主学习值越高,社会性学习收获值越高。合作学习的标准系数为正值,说明合作学习值越高,社会性学习收获值越高。在自主学习与合作学习这两个变量中,合作学习变量的标准化系数为 0.454,贡献较大,且非常显著;自主学习变量的标准化系数为 0.187,也非常显著。总之,学习投入区组对模型的贡献主要由合作学习的学习投入变量贡献。

新增第三区组后,对于因变量的解释力增量为 9.5%,具有统计学意义,显示学校环境变量区组的投入能够有效提升模型的解释力,使模型整体的解释力达到 59.9%,且具有统计学意义。第三区组的四个变量中,人际关系变量的贡献最大,其标准系数为 0.186,非常显著;其次是教师教学变量,其标准系数为 0.164,也非常显著。制度环境和后勤资源两个变量的标准系数较小。因此,学校环境区组的贡献主要是由人际关系和教师教学两个变量所创造。

从整体来看,学习信念、学习投入和学校环境均对社会性学习收获的变异具有解释力。但从解释力增量来看,学习投入具有较强的解释力。

三、学习模式构成因子对整体学习收获的影响

本研究在对学习收获的构成部分即学术性学习收获与社会性学习收获进行分析的基础上,探讨学习模式构成要素对作为潜变量的学习收获的影响。以学习收获作为因变量,以学习信念、学习投入和学校环境为自变量,使用阶层多元回归分析法进行分析。数据分析结果见表 4-13。

表 4-13　学习模式构成因子对整体学习收获的回归摘要表

阶层变量	预测变量	区组一 标准系数	t 值	区组二 标准系数	t 值	区组三 标准系数	t 值
学习信念	知识获取	0.190	43.978***	0.042	12.514***	0.018	5.823***
	综合提升	0.350	81.016***	0.167	48.225***	0.111	35.208***
学习投入	自主学习			0.178	58.424***	0.146	53.718***
	合作学习			0.514	175.496***	0.344	119.570***
学校环境	教师教学					0.125	43.187***
	制度环境					0.145	36.348***
	后勤资源					0.027	7.949***
	人际关系					0.145	41.044***
回归模型摘要	F 值	13209.614		24676.581		18058.068	
	R^2	0.251		0.556		0.647	
	F 变化值	13209.614		27059.887		5075.200	
	R^2 变化值	0.251		0.305		0.091	

注：*** $p<0.001$。

由表 4-13 可知,三个区组能够有效解释因变量 64.7% 的变异量,解释力较高。三个区组的解释变异量 R^2 分别为 0.251、0.556 和 0.647,F 值分别为 13209.614、24676.581、18058.068,且均达显著水平($p<0.05$)。R^2 的变化量分别为 0.251、0.305、0.091,F 值的变化量分别为 13209.614、27059.887、5075.2,且均达显著水平($p<0.05$),这说明回归效果具有统计意义与实务意义。

第一区组模型中的自变量对因变量具有显著解释力,自变量能解释整体学习收获变异的 25.1%。知识获取的标准系数为正值,表示知识获取值越高,整体学习收获值越高。综合提升的标准系数为正值,表示综合提升值越高,整体学习收获值越高。综合提升的标准化系数为 0.35,高于知识获取的标准系数 0.19,也就是说,学习信念区组对模型的贡献主要由综合提升的学习信念变量贡献。

在第二区组的自变量投入模型中,自变量对因变量具有显著的解释力,解释整体学习收获变异量的 55.6%。在投入学习投入变量区组后,解释变异增加 30.5% 且达到显著性水平,具有统计学意义,即学习投入能贡献 30.5% 的解释力。自主学习的标准系数为正值,表示自主学习值越高,整体学习收获值越高。合作学习的标准系数为正值,说明合作学习值越高,整体学习收获值越高。在自主学习与合作学习两个变量中,合作学习变量的标准系数为0.514,贡献很大,且非常显著;自主学习变量的标准系数为0.178,也非常显著。总体来看,学习投入区组对模型的贡献主要由合作学习学习投入变量贡献。

新增第三区组后,对于因变量的解释力增量为9.1%,具有统计学意义。这表明学校环境变量区组的投入能够有效提升模型的解释力,使模型整体的解释力达到64.7%,且具有统计学意义。在学校环境区组的四个变量中,制度环境变量与人际关系变量的贡献一样大,其标准系数均为0.145,非常显著;其次是教师教学变量,其标准系数为0.125,也非常显著。而后勤资源变量的标准系数则较小。因此,学校环境区组的影响主要是由制度环境、人际关系和教师教学这三个变量所贡献。

从整体来看,学习信念、学习投入和学校环境均对整体学习收获的变异具有解释力。但从解释力增量来看,学习投入具有强的解释力。

第四节 量化分析结论的验证性访谈

通过量化分析,本书得出了关于大学生学习模式及其对学习收获影响的相关结论。为了进一步对结论的科学性进行探讨,本书采用定性访谈的方法进行验证。

一、大学生学习模式类型及形成探索

(一)大学生学习模式要素特点

本书首先对大学生学习模式构成要素即学习信念、学习投入、学校环境的特点与类型进行探讨,从而进一步分析大学生学习模式的类型及形成。实证数据分析发现,从整体来看,大学生的学习信念更倾向于综合提升;大学生的

学习投入更倾向于自主学习;大学生对教师教学有着更高的满意度,而对学校制度氛围的满意度较低。在定性访谈中,本书实证数据分析的结论也得到了验证。

1.学习信念:综合提升

A2:我自己的学习信念其实倾向于综合提升,可以分为两个方面。一个方面,我觉得那句诗说得挺好,"腹有诗书气自华",学习可以让整个人的气质变得好起来。另一个方面,我觉得学习也是为了未来有一份好的工作,能让自己未来生活更加轻松一些。

B1:现阶段我追求的是通过学习不断充实自己。如果学不到更多知识的话,自己将来的就业竞争力也不会特别高,可能在以后的工作岗位中也要比别人花费更多的精力再去进一步学习。也就是说我自己的学习信念其实是更倾向于综合提升。因为我感觉在生活中做一些事情的话其实是可以联想到我们学习到的一些理论知识,我们需要用这些理论知识去指导自己的生活,告诉我们该不该做以及该怎么做。学到的知识不仅可以给自己提供一种道德的标准或者是底线,还可以提升自己做事的能力。

C2:我觉得学习信念还是挺重要的吧,而且随着我对学习认识的加深,是有一个不断变化的过程。我感觉我在很小的时候通常是不知道为了什么而学习,好像是一直被这个社会推着走的。上了大学之后感觉是有一点点的变化,有很大一部分还是由外界的压力在推着自己走,取得比较好的成绩。还有一部分是内在的对自己将来成为一个什么样的人的这种信念。我也知道学习对于自己将来的发展有非常重要的意义,所以说现在的学习是一种自己在这种状态下会更加满足、更加有价值感的一种状态。学习知识是可以进一步探索内在精神世界,就是通过自己的感知提升自己的思维能力,不断丰富自己对于一些事情的见解。在我看来,学习不一定仅仅发生在课堂上,也不一定非要学习一些和专业课程相关的才算作是学习。当然还有一定的兴趣导向在里面,比较喜欢学习自己感兴趣的东西。

C3:我觉得学习信念对于整个学习过程来说是特别重要的。就我自己来说的话,我的学习信念主要是两个方面,首先第一方面的目的性会比较强一点,就是想要取得一个相对来说比较理想的成绩。还有就是希望通过学习去获得自己未来在就业时所需要的各方面的能力。因为我觉得工科生不仅仅要学习知识,更多的是要会去运用,在运用这些知识的过程中,其实自己各方面的能力也要得到相应的提升,这样才会让自己获得一个更好的发展。然后至于另一方面,其实会偏向兴趣一点,我会更加愿意去学习自己比较感兴趣的内容。

D2:我个人的学习信念偏向于综合方面的提升吧。我觉得大学阶段的学习远远不是仅限于课堂上知识的获取,日常生活中看的课外书、在感兴趣领域的拓展、参与各种实践活动都算是学习,涉及各方面能力的锻炼。

根据上述几位被访谈对象的陈述可以看出,他们的共同之处在于他们的学习信念均倾向于综合提升。对于他们来说,学习并不只意味着课堂上对理论知识的学习,还会涉及在此基础之上的综合提升。这种综合提升既可以包括个人气质、道德品质等的提升或内在精神世界的探索等方面,还可以涵盖运用知识过程中培养的各方面能力,而这些能力更多地指向就业,关乎自己未来的发展情况。与此同时,部分访谈对象也提到了个人兴趣在学习信念中的意义,兴趣导向成为综合提升学习信念中的重要组成部分。

2.学习投入:自主学习

A1:我自己是在这几方面都有的,但是相比较而言我觉得自主学习会在我的学习投入中占据比较大的一部分。因为其实大学里的很多课程需要自学,所以自主学习还是挺重要的。但是我觉得像合作学习和课堂上听讲都可以对自主学习起到一个深化作用,尤其是我现在刚刚大一,自主学习也是基于课上听讲的基础上进行学习。

B2:我更喜欢自主学习。这个学习可以分为两个方面吧。在本专业知识的学习方面,我会在结合课堂学习的基础上进行自主学习。因为我感觉我对本专业知识的理解其实是比较慢的,很多老师在课上讲过的知识点我需要在课下再进行二次学习去加深理解和记忆,当然没有老师课上的铺垫也是不行的。另一个是在自己比较感兴趣的领域,我自主学习的意愿会大一点,会去看相关的书籍,如果时间允许的话也会去旁听一下相关专业的课程。

C3：就我自己来说的话，我可能会更加喜欢自主学习，自己进行思考。因为我觉得通过这种方式自己可以更好地把握自己的学习节奏。我感觉我自己在课堂学习的效率还是比较低的，有时候也比较容易走神，不能及时地跟上老师的进度。老师一般课上会说这一课要掌握什么样的内容，我课下的话就会特别注重这一方面的知识。这个学习投入也跟我自己的一个学习信念有关系，就比如说有些知识本身我并不是特别感兴趣，而且老师也说不是重点的话，那我可能在这方面的自主学习就会少一点；还有一些知识是我并不感兴趣，但是老师说这是一个重难点，可能会出考试题，那我也会在这个方面投入一定的精力；还有一种就是老师可能上课没有提到，但是我自己比较感兴趣的内容，我也会去投入一定的精力去研究。

D2：我更偏向于自己去学吧，这样更有导向性，特别是我现在大四没有课的情况下。当然课堂上学习还是比较重要的，老师课上讲的内容很多也是考试的重点。但是我自己不是太会受到课堂的局限，比如说很多课上不讲但是我要用的东西我也会去学。然后课程中要是我对这个东西特别感兴趣，我也会去自主地去延伸，但是如果要是没什么兴趣的课，可能我就不会花太多的时间去学习。

通过对以上学生的访谈我们不难发现，他们在学习投入上都更倾向于自主学习，并普遍认为自主学习的学习投入方式可以使自己更好地把握学习节奏。学习投入方式的选择与年级以及学习内容相关。低年级的大学生更倾向于结合课堂学习的内容进行自主学习并查缺补漏；高年级的大学生尤其是大四年级的学生由于课程设置等原因，会更多地进行自主学习。另外，学习内容不同，其学习投入也会有差异。针对专业知识特别是考试会考查的内容，很多学生会根据课上教师教学的重难点进行有所侧重的自主学习；而针对自己感兴趣领域，或者自己认为实用性比较强的知识，学生们主要依靠自主学习的方式。

3.学校环境：教师教学高，制度氛围低

A3：我觉得资源和环境这一方面是我比较满意，对教师教学的满意度也挺高的。高中的教学模式可能更加偏向于应试型的。大学里老师讲的内容不仅仅包括考试中要考到的东西，其实还会有很多方面的扩展，然后在这些的基础之上，我可以根据自己的兴趣以及自己的规划在这些方面进行一个扩展。我其实对于制度方面不是特别满意。就拿考核制度来说，我们一般课程的成绩都分为两部分，平时分和最终的考试分。有一些课程的平时分占的比例有些大，一方面感觉这样的主观性稍微有一些强，平时分可能会成为老师用来调整班级内学生成绩呈现正态分布的手段，另一方面的话，感觉自己最终的学习的成果没有办法去很好地检验出来。课程设置方面的话，我觉得课程可能相对而言没有那么分散，就大多会集中在一周的个别几天。这样学起来的话，感觉压力会比较大，时间上也不是特别好安排和协调，会影响到我学习的状态与程度。但总的来说还是要看自己吧，发挥自己的主观能动性，这些环境算是保障。

B2：对于教师教学方面我还是比较满意的，老师们都比较认真。在制度环境方面，我感觉目前的考核方式和初高中相比也没有太多的变化，主要还是试卷考试，希望可以更灵活一点。在转专业制度方面我觉得设置得很矛盾。我想转专业的一部分原因是自己没兴趣而且学不好现在的专业，但是制度要求我在本专业取得比较好的成绩我才能转走。而且我们大一是大类培养，在大二分流的时候自己没有去成自己想去的专业，现在转专业也很成问题。就我自己来说，我只有对自己相对感兴趣的方向才能学进去，而且现在大家都在"卷"，要想在本专业取得好成绩够得上转专业的门槛更难上加难。我觉得学校提供的这些资源对我信念和投入的影响还是蛮大的，尤其是这个转专业的制度，我现在没办法按照自己预想的方向发展。现在就业大家也都比较看重学历和学位，我现在只能想着去修一个经济类的双学位去弥补一下，算是"曲线救国"吧。我对后勤和人际交往这方面满意度还是挺高的，对住宿和饮食各方面也都是比较满意的。

C1：至于学校环境方面的话，我的整体满意度还是比较高的。因为我高中时期的整体环境不是特别好，在之前那样的环境下，我也可以有一个相对来说还不错的学习状态，我觉得现在无论学习环境再怎么变，应该也不会比之前的更差，所以我对这方面其实没有特别多的要求。更何况我目前感受到的环境还是比较好的，后勤等方面都做得不错，特别是对于教师教学的满意度会更高一点，因为我所接触的老师都很好，如果有问题去问老师的话，老师都会积极地回答。我不大喜欢目前的制度环境，特别是考核制度。现在很多课程直接用大作业的方式去作为一门课程的考核方式，一方面大家普遍认为采用这种结课方式的课程可能不会特别严格，然后就是从心态上可能会比较掉以轻心。还有就是，仅仅以大作业的方式进行评价的话，感觉这里面的主观性会稍微大一点。我是对学校的学习氛围比较满意。因为我在学校里比较容易有学习的意愿，尤其是大家都学我也不好意思不学，可能有点"群体效应"的感觉，在家的话就很难真正投入学习。我觉得周围的一些环境会影响到我的投入，当然这种影响是相对有限的。

C3：我其实对于制度环境的满意度还是蛮高的，可能也跟我所学的专业有关系吧。因为其实我也常常听说别的学院的同学会抱怨他们的课程安排很不合理，我感觉我们学部在这方面做得还是很好的，是可以基本满足大家对于这种时间安排上的一个需求的。我们学部的课程可能相对来说安排得会更加合理一点，均匀一点。大三这个阶段大家很多都在准备去考研或者去找工作，然后在这个时期其实也不会出现特别多的课程分散我们的精力。我觉得满意度比较高的话，感觉会更加有这样的一个动力去进行学习，而且在学习投入的过程中，其实我也可以依靠这样的一个平台，或者说途径去更好地按照自己适合的方式去做。

D1：我对后勤资源的满意度不是很高，我觉得图书馆的座位还是比较有限的。与别的学校的住宿环境相比的话，我们这边的住宿环境就有点差。制度环境方面的满意度也不是很高。有一些课程平常学的和考试考的根本不是一回事，平常练得简单而且习题比较少，考试的时候出卷子反而会特别难，我觉得这样就没必要了。而且有些课程会存在压分的现象，全班均分还不到70分，我觉得这样有点离谱了。这个分数对自己以后出国或者就业等规划还是会有一点影响的。在课程设置时间上，我也不太建议那种中午上课。在课程内容上，我觉得有些课程的实用性和针对性不够强。我觉得学校环境满意度对学习信念、投入等会有影响，但是绝大多数还取决于自己。

在学校环境方面，学生对教师教学的满意度均比较高，这也得益于老师们的教学方式与教学态度相对来说能较好地满足学生们的学习需求；而对制度环境的满意度相对比较低，这归咎于考核方式不合理、课程设置内容与时间不均衡等原因。通过访谈我们还发现，学生对于学校整体环境的感知会受到个人学业经历以及与他人相比较的影响。学生个人经历过相对比较差的学校环境或者周围朋友的学校环境较差等都会间接提高他们对于目前学校环境的满意度。

另外，学生的学校环境满意度也会影响到自己的学习信念与学习投入，但这部分的影响程度因人而异。例如 B2 学生整体的学习模式是基于自己感兴趣的经济学领域的规划，但是在大类培养以后进行分流的时候并没有成功进入自己感兴趣的专业，再加上转专业制度的设置，他只能调整自己的学习信念与学习投入以实现自己的发展规划。对于他来说，学校环境满意度对学习信念、学习投入的影响是非常大的。与此同时，大多数学生表示这种影响是有限的，学校提供的环境对学习信念与学习投入起到保障的作用，更多的还是要发挥好自身的主观能动性。

（二）大学生学习模式的类型与形成过程

本书以大学生学习模式的各因子为分类依据，通过对学习信念、学习投入以及学校环境进行综合分析，发现学生的学习模式可以分为四个类型，不同的学习模式各具特点。

A3：我觉得我的学习模式首先是基于自己比较喜欢去探索一些知识。我会首先基于一些课程的设置进行内容的梳理，去提前进行预习。这样的话，自己上课的时候会挑重点、有侧重地去进行学习和巩固，针对自己薄弱和困难的环节进行加深理解。很多时候我的学习模式其实也是偏向于应用型的，我会结合题目来看这个题目到底是怎么考的，先从这些知识的应用价值出发，看它需要什么样的知识体系去支撑，然后再去完善它。另外我觉得学校目前提供给我的各种环境还是不错的，老师课堂上讲解的一些知识理解得不是特别深刻的时候，老师就会让我们进行动手实验，比如说网上的虚拟仿真实验或者去实验室自己动手做实验，这样就可以体会到知识转化的一个过程，各方面能力也能得到提升，会学到更多。当然希望在课程考核等制度方面有一些改善的话会更好。

学生 A3 的学习模式偏向于应用型，在学习信念上不仅以学习专业知识且通过学业考核为目的，还注重运用知识过程中各方面能力的提升。在学习的过程中更倾向于自主学习，学校环境满意度整体较高，属于第一类学习模式。

B3：每个人不可能有一个统一学习模式，这种情况下我觉得自学或者摸索到一个适合自己的学习模式还是很有必要的。我参加合作学习还是挺多的，尤其是像是工科有很多和实践相结合的一些教学方法，甚至我们一些课程的考核方式就是通过小组合作或者自己在网上搜集资料然后去做一些实践类的学习活动。当我遇到问题或者在学习的时候会不自觉地去和周边的一些人交流，去找一个学伴，当然针对不同的学习任务我也会进行自主学习。我的满意度都挺高的，我在学校有一个很好的学习体验，我从初中跨到高中再从高中跨到大学，我能感受到不同的学习圈层，身边人的素养知识水平不一样，大家都非常的正能量和热心。

学生 B3 的学习信念倾向于综合提升，在自主学习的同时也会积极参与到合作学习当中，有着较好的学习体验，学校环境满意度很高。学生 B3 的学习模式属于第四类。

C2：在我看来，学习知识是综合提升的一部分手段，学习知识是必不可少的，但是还是要在学习知识的基础上去深入理解这个知识……如果是自己学习的话，更多是偏向于基础性理论的东西。如果是需要思维的碰撞或者新的东西的话，合作学习会是一个很好的选择。我感觉我的学习模式是有一定雏形的，但是这个学习模式其实一直都在随着阶段变化，而且和专业也有关系。因为我小时候可能更偏向于死啃书，但是上了大学之后感觉学到的知识会比较杂乱、盘根错节。所以我现在更倾向于要提前做一些规划，还有就是我会比较喜欢总结，感觉这种方式其实也比较适合人文社科类的科目。我对目前学校的制度尤其是考核制度不满意，我觉得这些制度让我们更加内卷，会更在意那些可以量化的、可以直接拿出来比较与竞争的方面，但是就会忽视像一些内在的、深层次的内容，感觉这样的话功利性会比较强。我对教师教学这方面的满意度其实也要看教师本身的一个教学水平和教学态度……后勤方面我感觉可以做得更好,尤其是在吃饭方面。

学生 C2 认为学习知识是综合提升的基础,二者缺一不可。其会依据学习任务的不同选择以自主学习还是以合作学习为主。在学校环境满意度上,C2 对目前学校的制度尤其是考核制度不满意,并认为后勤资源方面也有进行优化的空间。整体来看,学生 C2 属于第二类学习模式。

D3:我觉得学习模式其实和我所处的学习阶段有关系。之前更多是围绕考试内容进行自主学习,感觉自己之前参加合作学习的机会比较少,不会去主动找同学交流。但是我现在正在准备考研,向更高一阶段前进的话我觉得各方面都要得到一个提升。我觉得备考过程中自主学习是一方面,另一方面合作学习确实"香",我找到了一个研友,我们目标院校不一样但是考试科目都差不多,我们平常会督促对方学习,而且共享信息,我觉得我们之间构成了一种良好的合作学习关系,互相帮助,每天和她一起学习我觉得浑身充满干劲,觉得考研原来也不是"孤军奋战"……我对学校环境还是很满意的,对学校的感情很深,希望学校以后可以越来越好。

学生 D3 认为现阶段自己需要在各方面都要得到一定提升,并特别强调合作学习与自主学习相结合在学习投入过程中的重要意义,学校环境的满意度很高。学生 D3 的学习模式与 B3 一致,属于第四类。

整合学习信念、学习投入及在现有的学校环境下,访谈对象普遍认为自己形成了一套学习模式,且不同访谈对象之间的学习模式有一定差异,部分会受到学科专业的影响。即使是同一位访谈对象,其学习模式也可能会随着年级、学习内容等发生变化。学习模式是各因素整合后形成的一套相对固定的模式,各有不同,很多访谈对象也都提到适合自身的学习模式才是最好的。

二、学习模式对学习收获的影响机制

(一)不同学习模式类型学生的学习收获各不相同

从研究实证分析结果来看,不同学习模式类型学生在"学术性收获"、"社会性收获"和整体"学习收获"方面各不相同。其中,"类型 4"学习模式在这三方面学习收获的值最高,"类型3"的值最低。"类型2"学习模式的"学术性收获"、"社会性收获"和整体"学习收获"均高于"类型1"。

A3:大学的知识和课程是比较多,学习的内容也比较广。我的学习模式让我更加快速地完成对知识的获取和转化的过程,我会在自己认为实用性比较强的地方投入更多的精力。但是这种应用型偏向于结果导向的学习模式让我觉得我自己的学习过程特别功利化,甚至有些"投机取巧"在里面。很多时候我能够做对的题只是因为我掌握了它的套路,并没有完全理解。我感觉我学到的很多知识是零散的、不成系统的。而且由于平常也比较少参与到合作学习当中,自己在社会性收获这方面也没多大感觉。我觉得太过应用型的学习模式也不好,自己太看重结果,没有办法去享受学习的过程,也没有进行太多拓展。

学生A3的学习模式属于"类型1",其学习投入程度取决于自己对学习内容实用性的判断,过于注重结果,合作交流不够,在学术性收获及社会性收获等方面不足。

B3:我觉得我的学习模式对最终的学习收获很有影响,能够让我感觉到收获满满。在这套学习模式下,我能明显感觉到经过两年的学习,我跟大一相比确实也学到了很多专业知识,在生活方面包括人际交往方面也有很多成长,感觉是跟高三的我是判若两人了,在朝着我预想的方向发展。

D3:我觉得我现在整个学习和生活的状态还是很好的,备考在按照计划有序进行着,学校提供的各项资源也能满足我的需求。而且我找到了心仪的研友,我们在学习和生活上各方面互相帮助。通过和已经"上岸"的学长、学姐的交流我也学到了很多,包括备考心态、专业知识等方面。我目前也算是找到适合我自己的学习模式了。我相信只要有坚定的学习信念,做好自己能做的,再加上学校、家里等各方面的支持,我会学有所成的。

学生B3和D3均属于"类型4"学习模式。在此学习模式下,他们感觉自身在学术性收获、社会性收获以及整体学习收获方面都取得了较好的结果,学习成效明显。

C2:我目前形成的这一套学习模式,整体上对于我来说是有一个比较正向的影响。学习模式对于社会性收获和学术性收获的影响更多的是潜移默化的,很多时候老师并不会一板一眼地去具体教我们怎么发邮件、怎么去和别人相处,但是很多该注意到的点其实我们也有学习到。其实我自己也有一些惰性在里面,会造成一些负面的影响。而且刚才也提到了我会偏向于兴趣导向,就针对一些没有兴趣的方面,自己的学习收获还是蛮差的。

由于自身学习投入有限,学生 C2 在"类型 2"学习模式下,尤其是对于自己不感兴趣的方面,其学习效果欠佳,学习收获也相对有限。

通过被访者的陈述可以看出,不同学习模式类型学生的学习收获各不相同,且学习模式与学习收获方面的对应关系大致与实证分析结论一致。

(二)学习模式构成要素对学习收获的影响

本研究在探讨学习模式对学习收获的构成部分即学术性学习收获与社会性学习收获影响的基础上,进一步研究学习模式构成要素对学习收获的影响。实证分析结果显示,从整体来看,学习信念、学习投入和学校环境均对学习收获产生影响,且学习投入对学习收获的影响最为明显。在学习信念方面,知识获取的学习信念影响学术性学习收获,综合提升的学习信念影响社会性学习收获。在学习投入中,合作学习对学术性和社会性学习收获均有显著影响。在学校环境上,制度环境影响学术性学习收获,而人际关系和教师教学主要影响社会性学习收获。在定性访谈中,以上结论也得到了验证。

1.知识获取的学习信念影响学术性学习收获

A1:我感觉我目前的学习状态和高中时候差别也不是很大,我还是偏向于知识获取多一点。而且我学的知识会更多地集中在考试内容以及学分比较高的专业课上,事实证明,这样的学习信念确实会帮助我取得比较好的成绩,大一上学期也确实学到了很多知识。

C4:我觉得我可能更倾向于知识获取吧……在知识获取的过程中,个人素质的提升或者说适应性的培养都是一些附加性质的收获,但是最终的目的还是在于获取更多的知识。因为我想要学到一些知识,所以我学习的方向性会更加明确,就比如说我对于合成一些新物质或者说对一些已有物质的性质测定感兴趣,这能够帮助我更加聚焦地去获得自己想要的,达到一种自己相对来说比较理想的收获,也可以取得理想的学习成绩。

以上两位学生均表示知识获取的学习信念会影响到自己的学术性学习收获。学术性学习收获既可以表现为较为理想的考试成绩,也体现在建立除课程考核内容之外的知识体系。因此可以说,访谈结果与知识获取的学习信念影响学术性学习收获这一数据分析结论一致。

2.综合提升的学习信念影响社会性学习收获

B1:我自己的学习信念其实是更倾向于综合提升……我觉得学习信念还是对我的社会性学习收获影响比较大一点,至于对学术性学习收获的影响,我觉得除了一些课程成绩以外,其他的不是很明显。基于综合提升的信念,我想得到更多锻炼,我就会去参加社团或者其他组织活动,这样我的收获会更多地体现在人际交往方面,比如说锻炼自己的组织和领导能力。

B3:我个人的学习信念更倾向于是对自身的一个综合提升……我觉得学习信念对于学习收获还是挺大的,能够让我静下心保持一种高效率的状态去学习,这样不管是在技能提升方面还是在学习成果方面的收益还是挺大的。它能给我一种动力,让我的学习更加具有导向性。

C3:我自己的学习信念偏向于综合提升,我感觉这样的学习信念对于我的学习收获还是有挺大影响的。正是因为有这样的学习信念,所以我首先要保证自己取得一个相对来说比较理想的成绩,去提高自己的就业的竞争力。同时的话,我自己也会在比较感兴趣的方面去拓展一下自己,丰富自己的学习收获。我觉得学习信念可以说是为学习收获指明方向吧。

综合提升意味着要在知识获取的基础上提升其他方面的能力,包括但不仅限于专业技能、人际交往能力、组织领导能力等。以上几位学生认为综合提升的学习信念会影响学习投入的时间和范围,划定最终学习收获的内容与方向,从而主要对自己的社会性学习收获产生影响。因此,上述几位同学的表述可以验证本研究数据分析的结论,即综合提升的学习信念影响社会性学习收获。

3.合作学习影响学术性和社会性学习收获

A2:我觉得合作学习对学习收获肯定有影响的。首先我觉得这样的一种学习投入方式很锻炼我的能力,因为我在和别人合作的时候需要学会怎么跟别人相处。通过合作学习我可以提升各方面的综合能力,比如说怎么去领导这个团队,怎么去组织协调等等,这些都是非常重要的。然后另外的话,就是在合作学习中我也会发现别人的很多优点。我觉得通过合作学习,我能从别人身上学到很多。还有一点就是,我觉得合作学习的效率也比较高,比如说个人单独完成一篇作业,这个工作量是非常大的,但是通过合作学习进行小组分工的话,我们的效率就会提高很多。

B3:当我遇到一些问题或者在学习的时候会不自觉地去和周边的一些人交流,去找一个学伴,可以互相鼓舞去督促,这对于提升学习效率都是很有帮助的……在合作学习的过程中涉及要交流的内容,选择进行交流的方式等都是很锻炼人的社交能力的。在完成老师布置的实践任务的时候,自己肯定会遇到各种各样的问题。那么如何通过一些方式跟大家去交流,让大家愿意来帮助自己解决一些问题或者进行一些有价值的信息交流,我觉得这些都是挺磨炼人的,不管是语言表达能力也好或者人际交往能力也好,在情商这方面还是可以收获在课堂中学不到的东西。

C1:我觉得真正意义上的合作学习能补充我的短板。就像我之前有一次考试,我觉得我复习得可充分了,但是考完试出来我总觉得有点不太对劲,然后跟同学交流后才知道,就是我之前一直理解的那个地方是错误的。我那个同学是跟别人去复习,他们就在互相讨论的过程中把这个地方给整明白了,但是我没有,可能这也是独自学习的一个缺点吧。而且在合作学习的过程中,我觉得我可以渐渐学习到如何去和别人交流,如何去准确表达自己的想法等。

C2:我之前确实有参加过一些小组合作学习,而且效果相对来说比较好,整体的氛围也很愉快。因为合作小组的成员都比较愿意积极说出自己的想法,思维都比较开阔。我感觉和大家交流的过程其实也是大家互相学习的过程。另外,合作学习的经历其实会提升我的学习效率,因为在合作学习的过程中,自己的表达能力各方面是在提升的,也会更熟练地去处理一些人际关系,让学习交流在良好关系的基础上变得更加高效。

D2:我参加过的合作学习也有很多,比如说挑战杯啊、互联＋比赛什么的。合作学习会有一些新的东西,大家有不一样的想法,会更有效率一点。我一般参加的合作学习都是一些实践性的活动,这对于怎么去实践与认知以及组织能力、沟通能力还有协调能力也会有一定的帮助吧。比如我前两天参加的美赛,当整个团队没有什么组织人选的时候,我还是更偏向于去组织一下大家。因为我发现进行协调是非常重要的,要不然大家可能会干重复或者说不知道自己具体要干什么之类的。

这几位学生均认为合作学习对学习收获具有重要影响。这种影响不仅涉及学术性收获,即"思维都比较开阔""对于提升学习效率都是很有帮助的"等,而且也会对社会性学习收获起到积极的作用,如"发现别人的很多优点""不管是语言表达能力也好或者人际交往能力也好,在情商这方面还是可以收获在课堂中学不到的东西""锻炼人的社交能力""对于怎么去实践与认知以及组织能力、沟通能力还有协调能力也会有一定的帮助"等。因此,通过上述几位同学的表述,可以验证本研究数据分析的结论,即合作学习对于学术性及社会性学习收获都具有极其重要的影响。

A2:就我自己来说,其实我还不太习惯合作学习。我刚从高中阶段过渡到大学,和周围的同学还不大熟,自己主动去合作学习的情况几乎很少。我觉得合作学习跟自主学习还是有不一样的地方的,很多时候需要表达清楚自己的观点,而且每个人和每个人的学习都是不一样的,合作学习中很可能每个人的节奏都不一样,学习的效率没办法得到保证。所以对于我来说,我还是比较缺少合作学习方面的能力,也希望自己以后能有更多的机会去参与这个过程,获得不一样的学习体验。

C1:我觉得如果这个过程中有人能跟我一起学的话,特别是我们两个水平相当或者我们俩一起学习的意愿比较大的话,这样学习效果是会比我自己学要好的。但现在的问题就是我找不到能和我合作学习的人。虽然我自己在遇到不会的问题时也会去问其他同学,但都是单向的知识接受,没有两个人一起去探讨然后解决问题的那种过程。

D1:我觉得在大学阶段甚至在高中的学习阶段中合作学习虽然是一个理想化的比较好的概念,大家一起培养默契的关系然后攻克难关,但实际上这些任务其实还是落在了组内比较负责任的一个人身上,他可能会完成这些任务的 80%,剩下的 20% 再由组员来完成,大家也都是各做各的。本来想的是通过大家共同努力合作学习可以获取更多的效益,达到 1+1>2,但是现实中的合作学习,大家都是比较敷衍了事,都是只完成自己的那一部分就不会再求上进。

合作学习之于学术性及社会性学习收获都是极其重要的。但是我们在访谈的过程中也发现,很多学生认为实现真正的合作学习仍有一定的困难。学生 A2 认为自身缺少合作学习的能力;学生 C2 认为找到理想的合作学习对象是促成合作学习的重要因素,但找到这样的合作对象比较困难;学生 D1 则认为要想达到合作学习的效果,合作成员之间必须有良好的配合,共同努力,避免太过于功利化的学习目标。由此可见,要想发挥好合作学习对学习收获的积极作用还需采取一定的措施。

4.制度环境影响学术性学习收获

A2:把都很难的课程放到一学期,我感觉学校没有从学生的角度去考虑学生的负担压力,课程安排的不合理会让我的学习精力很分散。而且我下学期很多课都安排在了下午一点半,平常这个时候我可能还没睡醒,如果上午最后一节课也有课的话,我觉得自己甚至没办法休息,会很大程度上影响我下午的学习状态,就是从身体上感觉没办法集中注意力。

B1:总体而言,我觉得上课的考核方式会影响到我学习的效果。就比如说我们很多课程都只会给出最终成绩,并没有详细地给出我们哪一部分的得分高,哪一部分得分低,这种感觉并不是特别的公开统一,而且也没有办法去反思自己做得怎么样。甚至可以说我是比较稀里糊涂地得到一个结果就结课了,然后再去上别的课可能也是这样一个结果,感觉是就好像是陷入了一种"死循环"。

C2:我觉得学习考核制度对学习收获的影响也是蛮大的。因为一门课程的考核方式是考试的话,那我会把老师的每一张 PPT 都拍下来,但如果老师说是开卷考试的话,感觉这种紧迫感会降低一点,也不需要去特别精准地掌握每一个知识点,更多地会注重理解。我觉得生活保障制度这方面对学习收获也是有一点影响的。就拿宿舍的熄灯时间安排来说,大家一般是默认熄灯之后就会自己去做自己的事情或者直接去休息,感觉这样的话才能有足够的学习精力。我觉得足够的学习精力是学习收获的一个基本保障。

D3:制度环境对学术性学习收获的影响会更加明显一点,尤其是学生会很看重自己的绩点,而绩点等的计算规则是由考核制度来规定的。我感觉就我自身而言,为了获取一个比较理想的成绩,我是会在考试重点考查的地方多下一些功夫的,那相应的在这方面的学习收获就会多一点,这也算是可以间接影响我在其他方面的投入吧,毕竟人的精力都是有限的。制度对考试成绩的影响会更加明显一点,毕竟其他方面的内容相对来说比较难以量化。

以上几位同学在谈到制度环境对学习收获的影响时,最先谈到的都是对于学术性学习收获的影响。学生 A2 认为课程的时间安排会影响到自己的学习投入,从而影响到学习效率,而这种时间安排不仅体现在课程的学期分配上,还表现在课程的学习时间。学生 B1、C2 和 D3 都提到了学业考核制度对学术性学习收获的影响,集中表现在考核制度会影响自身的学习方式与学习投入精力。学生 C2 也提到了生活保障制度对于学术性学习收获的基本保障作用。因而,制度环境影响学术性学习收获这一数据分析结果可以在定性访谈中得到验证。

5.人际关系影响社会性学习收获

A3:我们的辅导员是从我们学院升上来的,他会给我们很多建议和指引,不仅包括学习方面的,更多的是在生活方面,比如说怎么去更好地适应大学生活,怎么去更好地处理一些人际关系等等。我们班里也会定期组织一些活动,我和同学之间的关系也比较好,平常也会跟同学去讨论一些问题,在其他生活方面遇到困难的时候同学也会帮忙。

B2:人际关系这一块对我的学习收获影响也比较大的。如果时间允许的话,我会去旁听一些自己比较感兴趣的课程,我觉得我和这些课程的老师或者同学的关系比较好的话,对我的学习收获是有很大帮助的。当然目前接触到的老师和同学都很好,很多信息也都是他们传递给我的,和他们聊天也觉得很开心。总的来说,人际关系便于我对知识的获取,拓宽了我的交际圈,可以丰富我的课余生活。

C1：我跟同学的人际关系还行，我感觉这方面对我学术性学习收获的影响其实不会大，因为大家现在更多都是自己的思考，可能这种人际关系对我的社会性学习收获会多一点吧。多认识一些人，生活会丰富不少。因为大家现在都保留得太多了，也不会把自己特别真实的想法说出来，好多人都是在偷偷地"卷"。

C4：就我个人而言，我认为社会性学习收获其实在社团参与这方面会更加明显。在社团中会遇到很多有趣且优秀的人，在和他们一起完成工作任务的时候我学到了很多，从一开始的社团小干事到现在成为社长，我觉得我在各方面都成长了很多，知道如何去协调大家的工作，如何更好地和别人沟通等等。我觉得这些学生工作的经历对于我以后的就业也有很大帮助。

学生在学校的人际关系包含师生之间以及同学之间的关系，这几位学生也谈到了这两方面对学习收获，特别是对于社会性学习收获的影响。学生 C1 和 C4 认为自己在日常生活或者社团活动中与同学之间的人际关系对其社会性学习收获要明显大于学术性学习收获，且就学生 C4 而言，社会性学习收获主要来自社团参与。学生 A3 和 B2 除了提到与同学之间的关系会影响到自身学习收获以外，还谈到师生关系在社会性学习收获中的重要意义，良好的师生关系可以为自己更好地适应大学生活或者丰富课余生活提供指引。综上可知，人际关系会影响学生的社会性学习收获。

6.教师教学影响社会性学习收获

B1：我在参加一些社团或者其他组织活动的时候，我就感觉到课上老师教的一些东西其实已经可以去应用到我的一些实践活动当中。我之前有上过一些关于应用写作方面的课程，然后当我在参加一些社团活动的时候，这部分知识就完全可以用到的。

C2：很多时候老师并不会一板一眼地去具体教我们怎么发邮件、怎么去和别人相处，但是很多该注意到的点其实我们也有学习到。

C4：在初中高中的时候我们会明显感觉到老师的付出是占非常大的比例，但是到了大学阶段之后，很多老师就是在念PPT，甚至PPT是十几年前做好的。通过课堂学习我感觉我的疑惑并没有被解答,甚至课堂上知识的获取量不如自主学习,那我就需要自己花费更多的时间和精力在学习专业知识上,以取得一个"好看"的成绩。这样就会挤压我参加其他活动的时间,即使和老师交流也会聚焦在考核内容上,其他方面就不大会涉及了。

根据以上学生的访谈内容可知,教师教学对社会性学习收获的影响可以分为正面与负面两个方面。从正面来看,学生 B1 和 C2 认为教师教学的内容中会包含在实践活动中可以用到的部分知识和能力,帮助他们更好地参与到社团活动中,得到社会性学习收获。而学生 C4 认为,教师教学态度和教学方式存在的问题可能会阻碍自己在社会性学习收获方面投入的精力。

综合以上访谈内容可知,合作学习对学生的学术性学习收获和社会性学习收获均有明显的影响作用;知识获取的学习信念和制度环境会影响学生的学术性学习收获;而综合提升的学习信念、人际关系以及教师教学会影响学生的社会性学习收获。这也进一步验证了实证分析结果。

第五章

研究结论与研究建议

在上述分析的基础上,本书得出了我国大学生学习模式的类型以及学习模式对学习收获影响的研究结论,并在研究结论的基础上进一步提出优化大学生学习模式及提升大学生学习收获的研究建议。

第一节 研究结论

根据前述的分析可知,学习模式可分为不同的类型,不同类型的学习模式各具特点,不同类型的学习模式与特定的学习收获相对应,并且,大学生学习模式的构成要素对学习收获具有重要影响。

一、学习模式要素特征的研究结论

通过对我国大学生学习模式构成要素的特点分析,本书得出了关于我国大学生学习模式要素的基本特征以及不同类别大学生学习模式要素差异的结论,并得出性别、城乡、少数民族、父母文化程度等人口统计变量,以及有无本科导师、招生形式、年级等院校特征变量对大学生学习模式构成要素差异影响的有关结论。

(一)学习模式构成要素的基本特征

根据本书的界定,大学生学习模式包括学习信念、学习投入和学校环境三大要素。研究发现,这三大要素在均值以及类型方面各具特点。

首先,在学习信念方面,知识获取的学习信念均值为4.72,综合提升的学习信念均值为5.03,综合提升的学习信念均值要高于知识获取的学习信念均值,即大学生在学习信念方面更倾向于综合提升。但需要注意的是,这种倾向并不意味着学生不具有获取知识的发展信念,而是两种学习信念同时存在,只是两种倾向性高低不同的差异。在现实中,知识获取和综合提升是学生学习信念的两个重要方面,只是从整体情况来看,学生的综合提升的倾向性更强。根据质性访谈可知,学习并不只意味着课堂上对理论知识的学习,还会涉及综合素质的提升,兴趣导向也成为综合提升学习信念中的重要组成部分。与此同时,研究发现知识获取的学习信念的离散程度更强,这也进一步说明并不是所有的学生都是综合提升的学习信念强于知识获取,有的学生可能拥有相近的两种信念水平,而有的学生则可能知识获取的学习信念水平更高。

本书在对大学生学习信念整体特征进行分析的基础之上,使用聚类的统计方法对所有学生进行分类。这既是学生群体的分类,也是对知识获取学习信念和综合提升学习信念组合类型的分类。基于学生学习信念,本书将学生分为两种类型。第1类学生属于低水平学习信念的学生,其知识获取和综合提升的学习信念均很弱,这类学生所占比例约为33.0%;第2类学生知识获取和综合提升的学习信念均很强,属于高水平学习信念,其人数要明显多于低水平信念的学生,这一类学生占全部学生的大多数,所占比例约为67.0%。

其次,在学习投入方面,自主学习因子的均值为4.45,合作学习因子的均值为4.39,自主学习的学习投入均值要略高于合作学习的学习投入均值。从而说明学生的两种学习投入都比较高。根据质性访谈可知,学习投入方式的选择与年级以及学习内容相关。量化的分析从逻辑及归纳的视角出发,将学习投入进行分类,但是在现实中,学生群体的学习实践活动不可能完全将自主学习和合作学习截然分开。学生的自主学习不等于排斥合作学习,合作学习也不等于失去主体性和自主性,两种学习投入在实践中交错融合。

通过对学习投入的类型识别分析,本书认为学习投入可分为两个类型。第1类学生属于低水平学习投入,其自主学习和合作学习的学习投入均很弱,这一类学生在总样本中所占比例约为53.1%；第2类高水平学习投入学生的自主学习和合作学习的学习投入水平要显著高于第1类学生，且这类学生在合作学习的学习投入度略高于自主学习，合作学习在其学习投入中发挥重要作用，这类学生在总样本结构中所占比例为46.9%。从而可以看出，自主学习和合作学习作为学习投入的两种形式，对于某些群体或特定的学生而言，二者具有较高的相关性，对于积极学习的学生而言，其自主学习和合作学习的投入度都很高，反之对于另外一部分不太积极的学生而言，其自主学习和合作学习的投入度可能都较低。

最后，在学校环境方面，各因子的均值各不相同。其中，教师教学的均值最高，制度环境的均值最低，人际关系与后勤资源则居二者之间，且对人际关系的满意度略高于对后勤资源的。这说明学生对教师教学有着更高的认可度和满意度，而对学校制度氛围的满意度相对较低。根据对学生的访谈可知，教师的教学方式、教学态度相对来说能较好地满足学生的学习需求；学生们对于制度环境的满意度和认可度不高主要归咎于考核方式不合理、课程设置内容与课程设置及开设时间不均衡等方面。另外，学生对学校环境的认同度和满意度会影响到自己的学习投入。因此，尽管对于制度环境的满意度可能受到个人学业经历以及与他人相比较等个性化因素的影响，高校仍应注意制度氛围的建设，从学业考核制度设计、课程设置等方面加以引导，使制度氛围更好地促成学生的学习收获。通过量化数据分析结果以及访谈可知，学生对后勤资源方面的满意度差异较大，而作为与学生生活息息相关的后勤条件，也对学生的学习投入和行为具有影响。

类型识别的分析中，依据学校环境各因子，可以分为两类。两类学生对教师教学、制度氛围、后勤资源与人际关系的满意度具有显著性差异。第1类学生属于高水平满意度的学生，这类学生在总体样本中所占比例约为47.2%；第2类学生的四个因子满意度得分要显著低于第1类学生，这一类学生属于低水平学校环境满意度的学生，所占的比例约为52.8%。

（二）不同类别大学生学习模式要素差异

本书从人口统计变量以及院校变量两个大的维度考察了不同类别大学生

学习模式要素的差异。根据研究结果可知,不同类别的大学生在学习模式要素方面存在显著差异。但是值得注意的是,无论是从人口统计变量还是从院校变量来看,这些变量对学习模式要素的影响作用都是有限的。

1. 基于人口统计变量的大学生学习模式要素差异

就人口统计变量来看,男女大学生、城乡大学生、不同民族大学生、父母文化程度不同的大学生的学习模式要素存在显著差异。

在性别变量方面:(1)男生和女生在学习信念上具有显著差异,男生的学习信念均值低于女生。在知识获取方面,男生和女生差异显著,女生更倾向于知识获取;在综合提升方面,男生和女生差异显著,女生更倾向于综合提升。(2)在学习投入上,男生和女生差异显著,女生的学习投入均值低于男生。男生和女生在自主学习上有显著差异,男生更倾向于自主学习;男生和女生在合作学习上有差异,但是差异不显著。(3)在学校环境上,男生和女生差异显著,女生的满意度均值低于男生。男生和女生在教师教学、制度氛围、后勤资源和人际关系上均具有显著差异,且男生对制度氛围、后勤资源以及人际关系的满意度要高于女生,而女生对于教师教学的满意度高于男生。值得注意的是,男生在学习信念、学习投入以及学校环境满意度方面的得分的标准差都大于女生的标准差,男生在这三方面的离散程度大于女生,这说明男生在这些方面的差异大于女生之间的差异。

在城乡变量方面:(1)在学习信念上,城市大学生的学习信念倾向高于农村大学生,且具有显著差异。(2)在学习投入上,城市大学生的学习投入倾向高于农村大学生,且具有显著差异。(3)在学校环境上,城市大学生的满意度倾向高于农村大学生,且具有显著差异。与此同时,城市大学生在以上这三方面的得分的标准差均大于农村大学生,城市大学生的离散程度大于农村大学生,这也说明城市大学生在学习模式要素上的差异大于农村大学生的差异。

在民族变量方面:(1)不同民族的大学生在学习信念上存在差异,但差异不显著。不同民族的大学生在知识获取上有显著差异,少数民族的大学生更倾向于知识获取;不同民族的大学生在综合提升上有差异,但是差异不显著。(2)在学习投入上,少数民族大学生的学习投入倾向高于非少数民族大学生,且具有显著差异。(3)在学校环境上,少数民族大学生的满意度倾向高于非少数民族大学生,且具有显著差异。并且值得注意的是,少数民族大学生在学习信念、学习投入以及学校环境满意度方面的得分的标准差都大于非少数民族大学生的标准差,少数民族大学生在这三方面的离散程度大于非少数民族大学生,这说明少数民族大学生在这些方面的差异大于非少数民族大学生的差异。

在父亲文化程度变量方面:(1)在学习信念方面,父亲接受过高等教育的大学生的学习信念倾向高于父亲未接受过高等教育的大学生,且具有显著差异。(2)在学习投入方面,父亲接受过高等教育的大学生的学习投入倾向高于父亲未接受过高等教育的大学生,且具有显著差异。(3)在学校环境上,父亲接受过高等教育的大学生的满意度倾向高于父亲未接受过高等教育的大学生,且具有显著差异。并且,父亲接受过高等教育的大学生在以上这三方面的得分的标准差均大于父亲未接受过高等教育的大学生的得分标准差,父亲接受过高等教育的大学生的离散程度大于父亲未接受过高等教育的大学生,这说明父亲接受过高等教育的大学生在学习模式要素上的差异大于父亲未接受过高等教育的大学生。

在母亲文化程度变量方面:母亲文化程度不同的大学生在学习信念、学习投入和学校环境方面的统计检验呈现显著差异。(1)在学习信念上,母亲接受过高等教育的大学生的学习信念倾向高于母亲未接受过高等教育的大学生;(2)在学习投入方面,母亲接受过高等教育的大学生的学习投入倾向高于母亲未接受过高等教育的大学生;(3)在学校环境方面,母亲接受过高等教育的大学生的满意度倾向高于母亲未接受过高等教育的大学生。另外,母亲接受过高等教育的大学生在以上这三方面的得分的标准差均大于母亲未接受过高等教育的大学生,这说明母亲接受过高等教育的大学生在学习模式要素上的差异大于母亲未接受过高等教育的大学生的差异。

2.基于院校变量的大学生学习模式要素差异

就院校变量而言,有无本科生导师的大学生、招生形式不同的大学生以及不同年级的大学生的学习模式要素存在显著差异。

在有无本科生导师变量方面：(1)在学习信念上，有本科生导师的大学生的学习信念倾向高于无本科生导师的大学生，且具有显著差异。(2)在学习投入上，有本科生导师的大学生的学习投入倾向高于无本科生导师的大学生，且具有显著差异。(3)在学校环境上，有无本科生导师的大学生差异显著，有本科生导师的大学生其满意度均值高于无本科生导师的大学生。在教师教学、后勤资源和人际关系这三个方面，有无本科生导师的大学生差异显著，有本科生导师的大学生对以上三方面的满意度更高。有无本科生导师的大学生在制度氛围方面存在差异，但差异不显著。另外，在标准差方面，有本科生导师的大学生在学习信念和学习投入上的标准差都大于无本科生导师的大学生，即有本科生导师的大学生在这两方面的差异大于无本科生导师的大学生的差异。同时，有本科生导师的大学生在教师教学、人际关系和学校环境上的标准差大于没有本科生导师的大学生，而在后勤资源方面的标准差要小于没有本科生导师的大学生。这说明有本科生导师的大学生在教师教学、人际关系和学校环境上的离散程度较大，而在后勤资源上其离散程度较小。

在招生形式变量方面：(1)在学习信念上，本科统招生的学习信念倾向高于本科自主招生的，且具有显著差异。在标准差方面，本科统招生在知识获取与学习信念上的标准差大于本科自主招生的标准差，而在综合提升方面的标准差要小于本科自主招生的。这也说明在知识获取与学习信念上，本科统招生的离散程度较大；在综合提升上本科自主招生的离散程度较大。(2)不同招生形式的大学生在学习投入上有显著差异，本科自主招生的学习投入均值低于本科统招生的。不同招生形式的大学生在自主学习上有显著差异，本科统招生更倾向于自主学习；不同招生形式的大学生在学习投入上存在差异，但差异不显著。在标准差方面，本科统招生在自主学习和学习投入上的标准差要大于本科自主招生的标准差，这也说明本科统招生在这两方面的离散程度较大。(3)不同招生形式的大学生在学校环境上有显著差异，本科自主招生的满意度的均值低于本科统招生的。不同招生形式的大学生在教师教学和人际关系上均有显著差异，本科统招生对教师教学和人际关系的满意度更高；不同招生形式的大学生在制度氛围和后勤资源方面有差异，但是差异不显著。本科统招生在教师教学、人际关系和学校环境上的标准差大于本科自主招生的标准差,这也说明本科统招生在这三方面的差异大于本科自主招生的差异。

在年级变量方面:(1)在学习信念上,整体而言,大一至大四是呈现递增趋势,也就是说大四的学习信念值大于大三、大三大于大二、大二大于大一;对于不同的知识获取和综合提升的学习信念而言,大的变化态势也是大一至大四是呈现递增趋势。从而可以看出,随着年级的增长大学生的学习信念是越来越强的。(2)在学习投入上,大一学生的学习投入倾向低于大三、大四及以上学生,且差异显著;大一学生的学习投入倾向低于大二学生,但是差异不显著。大二学生的学习投入倾向低于大三、大四及以上学生,且具有显著差异;大二学生的学习投入倾向高于大一学生,但是差异不显著。大三学生的学习投入倾向高于大一和大二学生,且差异显著;大三学生的学习投入倾向低于大四及以上学生的均值,且差异显著。大四及以上学生的学习投入倾向高于大一、大二、大三学生,且均具有显著差异。(3)在学校环境上,大一学生的满意度倾向高于大二、大三学生,且具有显著差异;大一学生的满意度倾向低于大四及以上学生,且差异显著。大二学生的满意度倾向低于大一、大四及以上学生,且差异显著;大二学生的学校环境满意度倾向低于大三学生,但是不具有显著差异。大三学生的学校环境满意度倾向低于大一、大四及以上学生,且具有显著差异;大三学生的满意度倾向高于大二学生,但差异不显著。大四及以上学生的学校环境满意度倾向高于大一、大二、大三学生,且差异显著。

二、学习模式类型特征的研究结论

通过对学习信念、学习投入以及学校环境进行综合分析发现,以各因子为分类依据,学生的学习模式可以分为四个类型,且不同类型的学习模式各具特点。

第1类学习模式在学习信念与学习投入方面都属于中等水平。其中,综合提升学习信念的得分高于知识获取;自主学习的学习投入要强于合作学习的学习投入。在学校环境方面,这类学习模式属于中上水平,学生对教师教学、制度环境、后勤资源与人际关系的满意度均值均大于4。从而,我们认为属于这类学习模式的学生在自身的学习方面以及对学校环境的认同度方面较为主动和积极。

第2类学习模式不论是知识获取的学习信念,还是综合提升的学习信念都很强,均值都大于5。同时,这一类学习模式的学习投入度也属于中上水平,自主学习与合作学习的均值均大于4。然而,学校环境的各个因子得分却较低,尤其是制度环境和后勤资源因子的得分均小于4,显著低于教师教学和人际关系因子。从而我们可以看出这类学生的学习信念较强,但是学习投入度与学校环境认同度属于一般水平。

第3类学习模式在学习信念和学习投入方面的得分均较低,均小于4。并且,综合提升学习信念的得分高于知识获取;自主学习学习投入的得分高于合作学习。这类学生在学校环境认同方面属于低水平,制度环境和后勤资源因子的得分均低于3。由此可知,这类学生属于消极学习者,其学习信念较弱,学习投入度与对学校环境的满意度较低。

第4类学习模式在学习信念与学校环境方面的均值都大于5。这说明学习模式中的知识获取信念与综合提升信念都很强,学生对教师教学、制度环境、后勤资源与人际关系的满意度很高。与此同时,这一类学习模式的学习投入度也很高,合作学习因子的得分大于5,自主学习因子的得分也接近于5。从而,我们认为这一类学生属于学习信念高、学习投入以及对学校环境的认同都非常高的学生。

进一步通过质性访谈可知,学习模式还与大学生的学科专业、年级等相关。学习模式具有一定的学科专业属性,不同学科专业的学生其学习模式会有所差别。同时,大学生的学习模式并不是长期固定的,随着年级、年龄的增长,同时由于不同年级阶段学习内容的不同,大学生会调整自身的学习信念、学习状态及学习投入,对学校的环境的感知和认可也会发生变化,进而学习模式也会发生相应的调整和变化。所以,总体而言,大学生学习模式既是一个静态的结构体系,由学习信念、学习投入等各要素构成,也是一个实践的动态体系,随着学生的年级、年龄等变化而发生变化和调整。

三、学习模式对学习收获影响的研究结论

本书在分析不同学习模式类型学生学习收获特征的基础上,进一步探究学习模式对学习收获的影响,采用阶层多元回归分析发现,学习模式的不同要素对学习收获的影响不同。

(一)不同学习模式学生的学习收获各不相同

根据研究发现,学生学习模式可分为四种类型,并且不同学习模式学生的学习收获也各不相同。

"类型4"学习模式在学习信念、学习投入与学校环境三方面的均值都很高,从而这类学生的"学习性收获"和"社会性收获"也最佳。对比"类型1"和"类型2"学习模式可以看出,"类型1"学习模式的学习信念水平和学习投入水平要低于"类型2"学习模式,然而"类型1"学习模式的学校环境认同度要高于"类型2"学习模式。通过对"类型1"和"类型2"学生学习收获的分析得知,"类型2"学习模式的"学习性收获"和"社会性收获"均高于"类型1"。而"类型3"学习模式不论是在"学习性收获"还是"社会性收获"上的表现均属最差。

(二)学习模式构成要素对学习收获的影响

本书在研究学习模式对学习收获的构成部分即学术性学习收获与社会性学习收获影响的基础上,进一步得出了学习模式构成要素对学习收获的影响。

第一,学习信念可以分为知识获取与综合提升,这两种学习信念对于学习收获的影响不同。其中,知识获取的学习信念影响学术性学习收获,综合提升的学习信念影响社会性学习收获。根据质性访谈结果显示,学习信念通过学习投入间接影响学习收获。学习信念会影响学习投入的程度,进而影响学习收获的内容与范畴。通过对学习模式构成要素进行相关性分析,也得出同样的研究结论,学习信念与学习投入具有相关性。因此,提升学习收获离不开学习投入的深化,而大学生的学习信念水平成为提升学习投入的一个重要的切入点。

第二,学习投入对于学习收获具有重要影响。具体而言,不论是自主性学

习还是合作学习,都对学习收获具有重要影响。其中,自主学习对于学术性学习收获和社会性学习收获都具有重要影响。相比于自主学习而言,合作学习对学习收获的影响更大。可以说,合作学习对学习收获具有极其重要的影响。这种影响不仅体现在学术性学习收获方面,而且也表现为对社会性学习收获所起到的积极作用。合作学习作为一种较为理想的学习方式,受到很多学生的认可。通过访谈发现,只有在合作学习相关能力的培养、合作对象的选择以及学习目标的设定等方面达到合作学习的要求时,才能收获更多,达到事半功倍的效果,更好地提升学习收获。

第三,学校环境也对学习收获具有重要影响。其中,制度环境涉及学业考核方法、教学课程设置、生活保障制度等方面,其主要对大学生的学术性学习收获产生影响。通过访谈发现,学业考核方法和教学课程设置主要是通过影响大学生的学习投入与自身学习方式来影响学术性学习收获,而生活保障制度对于学术性学习收获更多地是起到基本保障作用。相对而言,人际关系和教师教学会影响大学生的社会性学习收获。需要明确的是,不论是师生之间还是同学之间的关系均会对社会性学习收获产生影响。并且结合质性访谈结果可知,教师教学可以从正向与负向两个方面影响社会性学习收获。教师教学不仅仅是专业知识的传授,教师的教学方式以及自身的人格魅力、待人接物的态度等方面同样会对大学生的学习收获产生影响。同时,通过对学习模式内部构成要素的相关性分析及回归分析发现,教师教学及制度环境对大学生的学习投入具有重要影响,从而可知,教师教学和制度环境不但直接影响着学习收获,还通过学习投入影响学习收获。

第二节　研究建议

大学生的学习模式是主体行为模式的一种特殊形式,受到主体自身的价值观、学习观、学习习惯以及个性特点等方面的影响,同时大学生的学习模式又是在特定高等教育体系、特定专业模式范畴和特定学校环境中形成的,受到高等教育体系、专业教育模式，以及大学生所在学校的学校环境和校园环境的影响。具体而言，高校的专业教育模式是直接影响大学生学习模式的制度环境，同时大学生自身的主体性的发挥，包括学习信念、学习投入等也直接影响甚至决定着大学生学习模式的形成。根据上述的关于大学生学习模式的理论辨析以及实证的研究结论，本书从优化本科专业教育模式、强化大学生的学习主体性、打造良好的学校育人环境，以及注重非正式学习空间创设等方面提出研究建议。

一、优化本科教育的培养模式

本科教育属于专业教育，专业教育的实施开展以现实的专业教育模式作为载体和依托。专业教育模式为大学生学习实践提供了整体框架和制度基础，专业教育模式对上衔接着高校社会职能以及国家对人才培养的要求，对下衔接着大学生的学习行为和学习实践，为大学生学习模式的形成提供可能性和支撑载体。或者说，专业教育是高校专业人才培养理念与大学生学习实践过程的聚合载体和中介桥梁。专业教育是时代的产物，专业教育模式作为实现专业教育的载体，一方面受到专业教育理念和思想的影响，专业教育的范畴、边界等受到无形的专业教育理念的影响，另一方面，专业教育的现实开展需要以现实环境及资源条件等作为现实基础。在具体实践中，专业教育模式既要以特定专业教育理念为依存，又要以大学生学习过程规律为依托，专业教育模式的变革既要参照形而上的专业教育理论，又要以形而下的大学生学习实践过程为支撑，紧扣大学生学习过程关键要素及规律。因此，专业教育模式的变革与优化既要澄明专业教育理念，以明晰和澄明专业教育理念为指引，又要以大学生学习过程关键要素及规律为现实依托。

（一）以澄明专业教育理念为指引

专业教育理念属于思想范畴，专业教育理念的实现需要特定的现实专业教育模式为载体。专业教育理念是联结教育与社会以及教育与人的发展之间的观念范畴，过于强调教育服务于社会，容易走向社会本位取向，过于强调人的发展本位,则容易走向人本位取向。因此专业教育理念实际上是一个在社会本位和人本位之间动态变化及寻求平衡的过程,具有时间性和空间性两维属性,即在不同历史发展阶段,教育更侧重于社会发展需要还是更侧重于人的发展,是与当时特定的时代背景和社会发展重心密切相关的。同时,对于不同的空间区域而言,由于内外部种种自然因素以及社会因素等,教育与社会、教育与人的关系都具有差异。

专业教育若与社会职业岗位需求直接对口,优点在于毕业生可以更快地胜任职业需求,但是可能对于更好地胜任职业长远发展需求则存在缺陷;反之,专业教育若与社会职业岗位的需求相差较远,更强调人本身的发展,则又忽略了现实性,与现实当下的需求之间的匹配又存在矛盾和冲突。可见,专业教育理念的清晰和澄明实际是一个多主体、多立场、多时空的范畴。从主体来讲,政府、企业、学校以及学生之间所追求的利益既具有统一性又具有冲突性,政府的发展战略和目标、企业的眼前利益实现和长远利益的追求、学校的培养职业人还是育人、学生的当下就业还是长远职业前景发展等,这些关系的协同与融合共同奏响了专业教育理念。

当前,在全球加速发展的大时代背景下,在不确定性成为主要的确定性的时空环境下,在新工科、新文科、新农科和新医科的"四新"人才培养的发展导向和要求之下,宽口径、厚基础以及着眼于未来发展需要成为专业教育的主要导向。专业教育理念必然要顺应当下的发展态势,在时空交错与多主体交错中寻求合理定位。一方面,专业教育需要服务于社会发展,并且需要体现前瞻性和引领性,科技、经济发展既要凸显对于社会物质层面的不断丰富,更要强化伦理、道德及精神文明层面的不断丰富,这实际对于教育工作者提出了极大的考验和挑战。具体来说,它既需要学校工作者怀有推动社会向好发展的基本良知,也需要学校工作者具有坚韧不拔、持续探索的足够勇气,还需要学校工作者拥有冷静审视、巧妙应对的实践智慧。[1] 另一方面,要将育才和育人紧密结合起来,有效落实立德树人的根本任务。育才指向职业和社会经济发展

---

[1] 吴康宁.学校究竟是什么:重申学校的社会属性[J].教育研究,2021(12):14-21.

需求,育人指向人本身的身心发展,然而,才是附属于人的,包括附属于人的内心、人的价值、人的健康。特别是面临如此一个加速发展的时代,面临外部环境中的各种不确定性,健康的身心显得尤为重要。

总体而言,澄明专业教育理念的根本在于明晰教育在促进人的发展与社会发展之间的关系,既理清人的当前发展、人的阶段性发展以及人的终身发展的关系,又理清人的发展与社会经济当前发展以及未来长远发展之间的关系。

(二)以大学生学习过程关键要素及规律为依托

专业教育是一个抽象的理论概念,也是教育实践活动。专业教育一般被认为是建立在普通教育之上的、为培养专门人才而开展的教育活动。专业教育是兼具理论性和实践性的,兼具知识的习得和知识的创新的,同时专业教育可帮助已经接受了普通教育的个体实现向某个领域专门人才的转变。因此,从抽象角度来看,专业教育具有理论性、实践性、专门性、创新性等属性。从理论上来讲,专业教育模式是落实专业教育理念的载体和依托,然而现实中僵化的专业教育模式可能阻滞或阻碍专业教育理念的实现。没有放之四海而皆准的专业教育模式,专业教育模式对于专业教育理念的实现方式具有多样性和灵活性,但是,不论是何种专业教育模式,必须以大学生学习过程关键要素及规律为依托,才能真正地呈现育人成效。在实践中,专业教育模式体现为办学者与管理者的整体设计与展开,但归根到底要落脚于学习者的学习过程和学习实践,大学生学习过程关键要素及规律是优化专业教育模式构建及落实推进专业教育的现实依托。具体而言,要以"知行合一"为核心规律,既要强化学生厚实的力量基础,又要注重为学生提供良好的实践平台,促进学生在任务完成中提升综合素质,在实践过程强化主体之间的合作学习,从而提升整体的学习收获和学习效果。

第一,建构有助于夯实学生理论基础的课程体系。知识的积累和力量基础的厚实是本科教育的根本内容,这既是专业教育理论的重要范畴和内容,也是学生学习实践过程的重要部分。如前所述,专业教育受到专业本身口径的束缚,专业教育中专业知识的来源和边界直接影响甚至决定着专业教育模式理论根基的宽度和厚度。专业知识的来源主要包括专业所从属的学科的知识、其他学科或领域的知识，学科交叉或者跨学科的相关知识。这些知识一般以通识课程以及专业课程的形态而存在，因此学校、学院以及系所能够开设课程的广度以及深度在很大程度上决定了学生所能够接触到知识的广度和深度。对学生的发展而言，在从自然人走向社会人及文化人的过程中，系统理论知识的学习是重要的路径。在现实中，学生在大一、大二学年以学科基础课和理论课的学习为主，知识基础的搭建为学生应用知识解决问题，以及在知识学习中建构自我认知结构乃至综合素质提供了现实基础。通过实证研究结论可以看出，从学习信念而言，知识获取是学习信念的重要组成部分，并且在大一、大二年级的均值也较高，从而我们的专业教育体系在满足外部产业经济发展需要的同时，要与学生主体的学习认知及学习期望相匹配，在大学低年级阶段注重厚实学生的力量基础，促进学生掌握丰富的基础知识。在学习投入方面，如果说在高年级侧重于知识应用层面，侧重于同学之间的合作交流互动，那么在低年级需要为学生的自主学习提供良好的空间和平台，为学生"潜心"打下良好的理论基础设置系统的课程体系。因此，要突破狭隘专业的边界，以知识为起点和逻辑，以学生具有宽厚的知识积累为落点，以课程群、课程体系强化专业建设和专门人才的培养。

第二，注重构建有利于学生综合素质提升的实践教学体系。学校教育作为一种特殊的教育形式，学生的学习对象和内容主要是前人或他人的认识结论和成果，并非直接通过实践而形成的认识，因此从既有理论到实践问题解决之间的鸿沟的跨越成为学校教育以及学生所面临的难题，而注重实践活动和实践教学是提升学生实践能力，实现知行合一的有效途径。如果说专业知识的学习更多的是理性规律的习得，那么实践活动则既强调知行合一的学用结合，又强调身体力行的全身心参与，因为实践能力不仅仅是一种操作活动，更是一种内心活动。换言之，如果说厚实理论根基侧重于使学生成为知识掌握者和拥有者，成为知识主体，那么实践教学则侧重于使学生各方面综合素质的提升，使学生成为实践主体，而这恰恰是教育的根本目的。具体而言，实践是学生成就感的主要来源，学生通过实践可以获得内心极大的满足，这种满足既包括了外在的成绩、荣誉等方面的成就，也包括了内在心灵的满足以及身体本身的锻炼。这与学生综合提升的学习信念是一脉相承、上下贯通的。同时,在实践的过程中开展合作学习,既是学生学习投入的主要维度,也是促进学生社会性收获和学术性收获提升的关键要素。因此,学校要通过整合内外教育资源,激发学生的积极性和参与性,构建优质的专业实践教学体系,促进学生从知识积累向综合素质提升的转变,从知识主体向实践主体的过渡转化,进而实现高质量育人。

二、强化大学生的学习主体性

在特定的专业教育体系中,大学生学习模式的形成需要以大学生学习主体性的强化和发挥来实现,进而达成作为学生群体高水平学习收获和作为学生个体的特色化发展。具体而言,在特定专业教育体系中强化大学生的学习主体性,主要从促进学生明确学校的整个专业培养体系以及知晓自我学习的过程特点及规律着手,这就需要学校构建完善的学生学习指导体系,既为学生纵向发展过程中不同学业阶段的学习心理以及学习行为调整提供指导,也为学生胜任不同阶段学业任务的过程中形成自身的学习模式提供指导,强化学生的学习自主性,激发学生学习主动性。

(一)指导学生熟悉制度框架之下的学习流程和规范体系

从学校人才培养模式构建以及人才培养方案制定的角度而言,从学生入学到学生毕业,必然形成一套整体的学习流程和学业框架体系,这套框架体系致力于实现从学生入学到毕业而达成某些预期的培养目标。作为接受者的学生在入学时需要系统地熟悉和知晓大学四年所要完成的学业任务、大学四年的一些关键节点以及重点和难点等。只有让学生明确教育制度框架之下的必修范畴以及自主选择部分等,才能使他们建构整体的大学学业蓝图和框架。

(二)指导学生熟悉大一到大四的学习过程规律

这部分既包含了实践层面的学习过程规律,即学生心理层面及学习行为层面的变化规律,又包含了学生自我发展的内在特点及规律,即隐性的学生内在的认知能力情感等生成和发展规律。对于前者而言,从大一到大四,学生随着课程内容、学业内容、学习难度的变化,以及伴随即将走向毕业面临抉择等现实问题,学生的学习方式、学习行为状态、心理状态等必然会发展变化,如何更好地调整自己以适应不同的学习内容和学习阶段对于学生至关重要。根据研究结论,学生的学习信念、学习投入以及对学校环境的满意度等,均具有显著的年级差异,从而说明在不同的学业阶段,学生的行为及心理呈现不同状态。在来自学业的挑战、对专业选择和职业规划的迷茫、人际关系的建立、情感需求等多重压力叠加下,大学二年级学生已在经历成长为社会人过程中的转型之痛,帮助学生走出转折期的迷茫感与无助感,才能够显著提高未来学习成绩与促进各方面能力的持续发展与超越。① 因此,从大一刚入学到学生毕业阶段的不同节点,应该给予学生侧重点不同的学业指导,特别是在学业低谷期,要注重引导学生顺利度过低谷期。对于后者而言,学生内在的认知能力情感等生成和发展是从量变到质变的过程,是从逐步积累到认知图式变革的"顿悟"过程,这个过程是内隐的,可能学生自身也无法明确感知,这同样需要学校为学生提供指导和指点,以启发和促进学生的综合提升。因此,学生在明确学校的专业教育体系的设计以及自身学业发展过程特点及规律的基础上,激发学习自主性和学习主动性,进而使学生在"自明"的基础上不断进步和提升自我。

三、打造良好的学校育人环境

不论是从学生主体而言还是从学校育人的角度而言,学生的成长和发展是一个完整的体系,落脚于学生的综合素养的提升和多维度的全面发展。现实中,存在正式的制度体系框架内学习活动与学生自发的制度框架外学习之间的差异,而对于学生整个学习和发展的管理,也存在教务、学务、事务以及后勤等不同的分工管理模块。根据研究结论,学校教师教学、后勤资源以及相关制度等环节都对于学生的学习活动以及学习收获具有重要影响。故而,依据

---

① 史秋衡,孙昕妍,金凌虹.大学生高质量就业能力的形成逻辑及战略导向[J].教育发展研究,2024(7):1-8.

已有的研究结论,要着重从制度环境优化、物质资源保障以及文化氛围营造等方面推进"三全五育"格局的构建,在促进学生学习模式现实建构的过程中不断提升学生的学习收获。

(一)为学生学习提供良好的物质环境和基础

健康的身心为良好的学习提供了现实可能,而健康的身心离不开良好的物质环境的支撑。从研究结论中可以看出,学校所提供的住宿条件、食堂餐饮条件、自习室以及图书馆学习环境和学习资源等都对学生的学习具有影响。其中,尤其值得注意的是学校所提供的食宿条件、自习室及图书馆等条件,与学生的合作学习具有重要影响。学生的合作学习既是一种抽象的变量,也是一种具体的学习实践活动,学生的合作需要特定的物质条件做支撑,如住宿条件、自习室的格局设置以及图书馆的学习空间等,是学生开展合作学习的现实条件,都对学生的合作学习和交流互动具有现实的影响。一些学校的图书馆设置了利于学生学习的隔音研讨室,这为学生的合作学习提供了良好的现实的支撑和条件。相关的研究也提出,图书馆要加强有利于研讨交流的空间建设。"双一流"高校馆应扩展研讨室的服务类型,除了基本的学术讨论,还可增加以写作研讨指导、信息咨询体验、论文撰写专区为主要内容的研讨区域。[①] 除图书馆以外,高校需根据学生学年学习特点及学科专业特点,对宿舍、食堂等空间进行精细化设计,促进学生非正式与正式的交流研讨及合作学习。

(二)为学生学习提供良好的制度环境和支持

根据研究结论,教师教学与制度环境对学生的学习投入具有重要影响,学习投入是学习模式形成的主要要素,是影响学习收获的主要变量,这也意味着教师教学及制度环境等对学习收获具有重要的影响。因此,要着力构建有助于促进学生自主学习和合作学习的学校制度环境,促进学生学习收获的生成。首要的是注重课程教学改革,优化课程教学的相关制度,包括整体的课程结构体系设计、学生选课制度以及具体教学实践中的探究性教学方法、项目式教学

---

① 徐健晖."双一流"高校图书馆研讨室建设现状调查与思考[J].大学图书情报学刊,2019(3):43-48,96.

方式的开展等,并注重对学生学业成果考核制度的改革,既要激发学生自主学习的动力和积极性,也要通过项目式教学改革等组织学生开展小组合作学习、合作完成课业任务等。同时,在课堂之外,以"三全五育"为统筹,拓展育人实践的边界和范围,优化本科生导师制度、大学生创新创业项目制度以及学生奖助学金制度等。从而,以促进学生自主学习及合作学习为实践中介,以优化学生学习环境为目标,充分发挥制度的育人功能。以学生的奖助学金制度为例,在发挥奖助学金的生活资助功能外,要注重发挥对学生的激励作用,发挥奖助学金制度的育人功能。充分发挥奖学金制度的育人功能才能优化学生学习科学文化知识的执行环境。① 对于学生发展而言,制度的功能不仅仅是为了规范与约束,更是为了激发与超越,促进整体学校育人环境的不断优化,引导学生综合发展,为终身学习和发展打好基础。并且,非常值得强调的是,要注重制度本身的梯度与整体性,学生从大一到大四是一个不断进阶的过程,不论是课程教学的相关制度设计,还是创新创业项目的制度设计,还是奖助学金制度的设计等,都要以促进学生纵向发展及进阶为目标,从而构成横向完整、纵向进阶的育人制度体系。

(三)为学生学习提供良好的文化环境和氛围

文化氛围与环境是肉眼所无法明确识别的,却是对学生学习乃至教师教学产生重要影响的潜在因素。文化氛围本质上是人与人之间、过去现在与未来之间形成的一种柔性的形而上的场域以及群体的潜意识或集体心智。但无论如何,文化氛围的建设终究离不开人。一方面,良好的文化氛围,要围绕和谐师生关系的建构而开展。从质性访谈结果可知,教师教学不仅仅是专业知识的传授,教师的教学方式、敬业精神、自身的人格魅力、待人接物的态度等方面同样会对学生产生影响,并且这种影响与具化的学习活动不同,是润物无声的影响,是直达学生心灵的影响。从而,要充分发挥教师在学生成长中的价值和作用。另一方面,要构建和谐的学生人际关系。个体往往会对与自己年龄、

---

① 赵贵臣,丁雪菲.高校学生奖学金制度育人功能发挥的四个维度[J].现代教育科学,2022(6):25-30,37.

经历等相似的同伴的言行产生不自觉的模仿和学习,并且与教师对大学生的影响相比,大学生群体的影响往往更大。在现实中,要注重建构和谐的学生人际关系和积极向上的学习氛围,并且要通过朋辈榜样的示范作用感召学生。一所大学能否形成优良的校风,与全校师生能否选择和树立正确的榜样,赓续榜样的优良品质息息相关。[①] 同时要开展各类的榜样交流研讨,学习成绩优异的同学和各类竞赛中的佼佼者的感召以及交流互动更能触动大学生的心灵,在情感上激发学生的共情心和向上心。由此可见,榜样的交流互动既具体而现实地促进了学生的合作学习与交流互动,又潜移默化地营造了良好的文化氛围和校园环境,促进学生向上、向善地健康成长。

四、注重非正式学习空间创设

如果说依托学校的制度框架和制度规范而开展的育人以及学生学习活动是制度内的正式学习,那么在制度体系之外的又不违背相关制度规定的学习活动可以被称为非正式学习,而学生赖以开展非正式学习的有形或无形的空间则是非正式学习空间。我们重提非正式学习,就是基于学习意义的回归,就是把正式学习和非正式学习整合在一起,构筑一个完整意义上的学习。[②] 在非正式学习空间内,学生同样会开展各类合作学习及自主学习,也会产生相应的学习收获。注重非正式学习空间的创设对于学生学习收获整体水平的提升具有重要价值。对于非正式学习空间,我们可以分为传统非正式学习空间与新型非正式学习空间,或者说学校场域的学习空间与超越学校场域的网络学习空间,而非正式学习空间拓展和丰富的重要原因在于信息网络以及数字教育资源的迅速发展。从而,非正式学习空间创设需从两个方面着手。

(一)要注重学校场域内的非正式学习空间的创设及优化

学校场域内的非正式学习空间主要指有形的、具体的学生学习活动发生

---

① 张恒.以"榜样的力量"营造新时代大学优良校风的研究[J].大学,2021(42):27-29.
② 奚亚英.非正式学习:为构筑完整的学习奠基[J].中国教育学刊,2023(6):107.

的空间和场域，包括学生社团、体育场、宿舍等。学生通过参加社团活动、开展体育运动以及与宿舍同龄人的交流互动等，自觉或不自觉地进行着学习活动，包括分享学习心得、交流学习体会以及拓展学习视野等，并且会有效提升学业收获。通过访谈发现，一些学生虽然表示出了对于大学期间学业分数不高的懊悔，但当他们回顾大学生活时，也往往对通过参加各类活动而拥有的其他方面的收获感到欣慰，甚至有些同学表示大学成绩并不是学习收获的重点，从非正式学习空间获得的其他收获也非常重要。教学管理模式的改革需要重视非正式组织的隐性教育机制，加强宿舍育人文化建设，强化大学生成长规律中主体意识的逻辑起点。[①] 因此，学校要注重这些非正式学习空间的建设，充分发挥其在学生发展中的功能。

（二）要重视超越学校场域的网络学习空间的创设与利用

如果说过去的网络学习主要是在正式学习体系之下的辅助性学习，那么随着网络技术的发展以及数字教育资源的极大丰富，特别是伴随"微学位"等学习成果认证的制度创新的推进，作为非正式学习的网络学习越来越在学生学习活动中占据重要地位，超越学校场域的网络学习逐渐与正式学习并驾齐驱。从而本书中的学习模式，以及学习模式中的自主学习、合作学习在更宏大的学习场域中展开，在一个独立于现实世界的网络虚拟世界中展开，自主学习以及合作学习的具体形态也将得到极大的拓展和丰富。现实中，抖音、B站等在线视频网站内有大量的学习资源，为学生的在线学习提供了现实条件和可能性。斯坦福大学、哈佛大学、麻省理工学院等世界知名高校推出"规模在线公开课程"，完成在线课程的学生只要缴纳一定的学习费用，就可以获得相应的学分认可或证书，这种证书将学生学习与社会认同密切联系起来，实际上具有学位属性。我国的学堂在线与多家高校合作，推出了金融学等多个线上课程与线下实践相结合的微学位项目。这些微学位项目一旦获得社会认可，那么将带来一场巨大的教育变革。由 The Open University 领衔研究及编写的

---

① 史秋衡，李平.大学生室友关系：学习过程的成长支点[J].现代教育管理，2020(12)：95-101.

《创新教学报告》,至 2024 年已经发布了十一版,从《创新教学报告 2021》《创新教学报告 2022》《创新教学报告 2023》可以看出网络资源的丰富以及生成式人工智能技术的迅速发展,正在带来一场教育革命。习近平总书记在主持中央政治局第五次集体学习时指出:"教育数字化是我国开辟教育发展新赛道和塑造教育发展新优势的重要突破口。"因此,推进教育数字化进程以及丰富数字教育资源将极大地拓展和丰富大学生学习实践的边界,为大学生的非正式学习的开展开辟广阔天地。

附　录

附录一　访谈提纲

背景信息：性别、年级、学科专业

1.请简要谈一下您对学习信念的认识。您自己的学习信念是怎样的？更倾向于知识获取还是综合提升？

2.谈一谈您对学习投入的认识。您的学习投入是怎样的？更倾向于自主学习、合作学习还是在课堂听课学习？

3.您的学校环境(教师教学、制度环境、后勤资源、人际关系)满意度如何？对哪些方面的学校环境满意度较高？哪些较低？您对学校上述方面的满意度是否会影响您的学习投入和学习信念？

4.您觉得自己有没有形成一套学习模式(整合学习信念、学习投入及现有的学校环境)？它是一种什么样的形态，能否做一个描述？以及您自己的这种学习模式是怎么形成的？

4.刚才您提到您更倾向于(知识获取/综合提升)的学习信念，您觉得您的学习信念对您自身的学习收获有影响吗？有什么样的影响？

5.您参与合作学习的情况多吗？对您的学习收获有什么样的影响？

6.您觉得学校的制度环境(学业考核方法、教学课程设置、生活保障制度)会对您的学习收获有影响吗？有什么样的影响？

7.您觉得校内的人际关系(师生、生生之间)会对您的学习收获有影响吗？有什么样的影响？

8.您觉得教师教学(教学态度、教学方式)对您自身的学习收获有影响吗?有什么样的影响?

9.您自己形成的一整套学习模式,对于学习收获是否有影响?这种影响是如何发生的?

10.您对于提升(学术性/社会性)学习收获有哪些建议?

附录二　访谈对象简况表

序号	编码	性别	年级	专业/学科
1	A1	女	大一	人文实验班
2	A2	女	大一	经济管理实验班/经济学
3	A3	男	大一	精仪学院综合实验班/工学
4	B1	女	大二	教育学/教育学
5	B2	男	大二	物流管理/管理学
6	B3	男	大二	计算机科学/工学
7	C1	女	大三	智能制造工程/工学
8	C2	女	大三	教育学/教育学
9	C3	男	大三	软件工程/工学
10	C4	男	大三	化学工程/工学
11	D1	男	大四	智能科学与技术/工学
12	D2	男	大四	自动化/工学
13	D3	女	大四	汉语言文学/文学

参考文献

一、专著

[1]左任侠,李其维.皮亚杰发生认识论文选[M].上海:华东师范大学出版社,1991.

[2]黎加厚.新教育目标分类学概论[M].上海:上海教育出版社,2010.

[3]汤白斯.学习模式大发现[M].徐绍知,肖小军,陈敏哲,等译.上海:上海锦绣文章出版社,2014.

[4]LAMON M. Constructivist approach[M]// GUTHRIE J W. Encyclopedia of education [M]. 2nd ed. New York：Macmillan Reference USA，2003.

二、科技报告

[1]Pace，C. R. The undergraduates：A report of their activities and college experiences in the 1980s[R]. Center for the Study of Evaluation，University of California，Los Angeles，1990.

三、学位论文

[1]杨院.我国大学生学习方式研究:基于学习观与课堂学习环境的探讨[D].厦门:厦门大学,2012.

[2]杨强.我国普通高校本科生学习过程规律研究[D].厦门:厦门大学,2011.

四、期刊文献

[1]张男星,桂庆平.后大众化时代,如何理解高等教育公平:访全国人大教科文卫委员会委员顾海良[J].大学(研究版).2015(1):4-13.

[2]史秋衡,周廷勇,周作宇.高校学生发展影响因素的探索性研究[J].复旦教育

论坛,2012(3):48-55,86.

[3]史秋衡,郭建鹏.我国大学生学情状态与影响机制的实证分析[J].教育研究,2012(2):109-121.

[4]吴国宏,沈尹婧.儿童学习信念研究综述[J].幼儿教育,2009(Z3):73-76.

[5]姚梅林,杜春丽.学习信念的心理学研究[J].信阳师范学院学报,2004(2):11-14.

[6]李德兵,张照卿,艾诗根.论学生学习信念的形成及其教育意义[J].江西师范大学学报(哲学社会科学版),2013(1):123-127.

[7]王文,王纾.学习投入研究的知识图景及趋势:基于科学引文数据库的分析[J].教育研究,2021(8):78-91.

[8]吕林海,龚放.大学学习方法研究:缘起、观点及发展趋势[J].高等教育研究,2012(2):58-66.

[9]黄海涛.美国高等教育中的"学生学习成果评估":内涵与特征[J].高等教育研究,2010(7):97-104.

[10]叶浩生.身体的意义:生成论与学习观的重建[J].教育研究,2022(3):58-66.

[11]袁玖根,邢若南,张翌鸣.学习理论研究的主要取向及其教育启示:基于行为主义和建构主义学习理论的比较[J].教育学术月刊,2012(11):26-28.

[12]王惠.学习理论的发展及其对教学的影响[J].中国成人教育,2008(14):108-109.

[13]伍志鹏,吴庆麟.认知主义学习观与情境主义学习观[J].上海教育科研,2010(10):48-51.

[14]阎光才.学校教育与创新人才培养:基于心智结构的视角[J].教育研究,2024(1):52-66.

[15]王沛,康廷虎.建构主义学习理论述评[J].教师教育研究,2004(5):17-21.

[16]李育华,成强.试论人本主义学习理论与人的发展[J].当代教育科学,2004(13):56-57.

[17]叶浩生.具身心智与具身的教育[J].教育研究,2023(3):32-41.

[18]周作宇.民间教育学:泛在的教育学形态[J].教育研究,2021(3):53-75.

[19]阎光才.文化、心智与教育:破解教育改革困境底层逻辑的文化社会学分析[J].华东师范大学学报(教育科学版),2024(3):38-50.

[20]陈梦迁,彭希林.智慧教育视角下大学生学习能力重构[J].高等教育研究,2020(7):78-84.

[21]肖雄,何旭明.高等教育大众化和信息化社会背景下的大学学习变革:第十次全国高校学习改革与创新研讨会会议综述[J].中国大学教学,2011(5):94-95.

[22]尹弘飚.行为观、心理观与社会文化观:大学生学习投入研究的视域转移[J].华东师范大学学报(教育科学版),2020(11):1-20.

[23]秦强.基于信息化背景的大学生学习特征及策略研究[J].教育理论与实践,2017(36):17-19.

[24]陆根书,刘秀英.常规和在线学习情景下学生投入特征及类型:基于西安交通大学大学生学习经历调查数据[J].高等工程教育研究,2017(3):129-136.

[25]张屹,郝琪,陈蓓蕾,等.智慧教室环境下大学生课堂学习投入度及影响因素研究:以"教育技术学研究方法课"为例[J].中国电化教育,2019(1):106-115.

[26]张雪,杨浩,石映辉.智慧教室环境下大学生学习环境偏好与学习策略的关系探究[J].现代教育技术,2020(3):45-51.

[27]黄忠华,杜雪君.MOOC对大学生学习和大学教学的影响:基于浙江3所高校学生的调研[J].现代教育管理,2016(2):56-61.

[28]周金辉,李晓飞.大学生基于手机的学习行为现状调查研究[J].中国远程教育,2014(9):52-59.

[29]饶爱京,万昆.在线学习准备度对大学生在线学习投入度的影响[J].教育科学,2020(2):31-38.

[30]陈涛,巩阅瑄,蒲岳.探寻社会化意义:大学生在线教学交互及其对学习效果的影响:基于334所高校在线教学的调查[J].高等教育研究,2020(6):72-81.

[31]朱连才,王宁,杜亚涛.大学生在线学习满意度及其影响因素与提升策略研究[J].国家教育行政学院学报,2020(5):82-88.

[32]史静寰.走向质量治理:中国大学生学情调查的现状与发展[J].中国高教研究,2016(2):37-41.

[33]姜芳,翁维红,成晓,等.略论大学生学习模式变革:以华中科技大学联创团队学习模式为例[J].学校党建与思想教育,2009(8):47-48.

[34]秦军,王爱芳.基于路径依赖理论的大学生学习模式研究[J].教学研究,2007(4):299-302,307.

[35]张苗.大学生创新性学习模式的调查与分析[J].学校党建与思想教育,2013(17):49-50.

[36]周红春,黄雅,沈丽佳,等.大学生基于问题解决的研究性学习模式的研究与实践[J].电化教育研究,2005(6):28-33.

[37]林路生,黄晓丽,邱文锋,等.大学生多维协同学习模式的实践与思考[J].教育教学论坛,2016(21):234-235.

[38]陆根书.大学生感知的课堂学习环境对其学习方式的影响[J].复旦教育论坛,2010(4):34-46.

[39]于海琴,李晨石,海梅.学习环境对大学生学习方式、学业成就的影响:基于本科拔尖创新人才培养的实证研究[J].高等教育研究,2013(8):62-70.

[40]郭建鹏,杨凌燕,史秋衡.大学生课堂体验对学习方式影响的实证研究:基于多水平分析的结果[J].教育研究,2013(2):111-119.

[41]杨甲睿.大学生学习方式的"行动学习研究":价值与路径[J].高教探索,2014(6):122-127.

[42]陈瑶,胡旺,王娟."互联网+"时代大学生学习方式转变研究[J].江苏开放大学学报,2016(2):61-65.

[43]王英玉,曲艳红.大数据环境下中国大学生学习方式的变革[J].职业技术,2019(9):52-55.

[44]李翠泉,钱兵.大学生学习方式:现状、成因及优化策略[J].教育导刊,2016(8):58-60.

[45]王永斌,蔡中宏,柳德玉.大学生学习方式变革:理念与策略[J].教学研究,2008(4):291-295,307.

[46]徐莉.试论大学生学习方式的变化[J].中国青年政治学院学报,2002(2):39-43.

[47]史秋衡.大学生学习情况究竟怎样[J].中国高等教育,2015(Z1):68-70.

[48]王纾.研究型大学学生学习性投入对学习收获的影响机制研究:基于2009年"中国大学生学情调查"的数据分析[J].2011(4):24-32.

[49]汪雅霜.大学生学习投入度对学习收获影响的实证研究:基于多层线性模型的分析结果[J].国家教育行政学院学报,2015(7):76-81.

[50]晏宁,李亚文,周志成,等.基于大数据的学生发展影响因素调研报告[J].思

想教育研究,2019(7):121-126.

[51]赵晓阳,刘金兰.对大学生发展影响的实证研究:以学生参与度及学校环境感知为视角[J].西南交通大学学报(社会科学版),2014(2):107-115.

[52]陆根书,刘秀英.大学生能力发展及其影响因素分析:基于西安交通大学大学生就读经历的调查[J].高等教育研究,2017(8):60-68.

[53]史静寰.探索中国大学生学习的秘密[J].中国高教研究,2018(12):21-22,38.

[54]张华峰,史静寰.走出"中国学习者悖论":中国大学生主体性学习解释框架的构建[J].中国高教研究,2018(12):31-38.

[55]吕林海.中国大学生的课堂沉默及其演生机制:审思"犹豫说话者"的长成与适应[J].中国高教研究,2018(12):23-30.

[56]刘一鸣.中美大学生学习能力比较及培养途径[J].教育理论与实践,2016(36):62-64.

[57]徐波.高校学生投入理论:内涵、特点及应用[J].高等教育研究,2013(6):48-54.

[58]朱红.高校学生参与度及其成长的影响机制[J].清华大学教育研究,2010(6):36-63.

[59]赵婷婷.大类模式:我国研究型大学本土专业教育模式改革探索[J].苏州大学学报(教育科学版).2021(1):9-18.

[60]张家勇,张家智.哈佛大学本科生住宿制和导师制[J].比较教育研究,2007(1):75-79.

[61]鲍威,杜嫱.多元化课外参与对高校学生发展的影响研究[J].教育学术月刊,2016(2):98-106.

[62]史秋衡,任可欣.我国大学生就业能力内涵及其影响因素探析:基于应用型高校与研究型高校的对比[J].华东师范大学学报(教育科学版),2023(8):1-12.

[63]史秋衡,李平.大学生室友关系:学习过程的成长支点[J].现代教育管理,2020(12):95-101.

[64]杨院.学习模式:大学生学习质量形成的路径选择[J].江苏高教,2014(3):80-82.

[65]王博,姜云超,吕卉.产业需求视角下工科大学生就业能力的自我认知和用人单位评价[J].中国大学生就业,2023(5):41-51.

[66]袁振国.教育规律与教育规律研究[J].华东师范大学学报(教育科学版),2020(9):1-15.

[67]史秋衡,孙昕妍,金凌虹.大学生高质量就业能力的形成逻辑及战略导向[J].教育发展研究,2024(7):1-8.

[68]龚放.课程与教学:高等教育研究的潜在热点[J].高等教育研究,2010(11):24-26.

[69]杨院.大学生学习模式:缘起、内涵与构建[J].中国高教研究,2013(9):25-27.

[70]史秋衡,孙昕妍.当代大学生成长规律与育人路径[J].中国远程教育,2022(11):15-23,74-75.

[71]吴康宁.学校究竟是什么:重申学校的社会属性[J].教育研究,2021(12):14-21.

[72]徐健晖."双一流"高校图书馆研讨室建设现状调查与思考[J].大学图书情报学刊,2019(3):43-48,96.

[73]赵贵臣,丁雪菲.高校学生奖学金制度育人功能发挥的四个维度[J].现代教育科学,2022(6):25-30,37.

[74]张恒.以"榜样的力量"营造新时代大学优良校风的研究[J].大学,2021(42):27-29.

[75]吴亚英.非正式学习:为构筑完整的学习奠基[J].中国教育学刊,2023(6):107.

[76]KAHU E R. Framing student engagement in higher education[J].Studies in higher education,2013(5):758-773.

[77] KUH G D. What student affairs professionals need to know about student engagement [J]. Journal of college student development,2009(50):683-706.

五、电子文献

2022年全国教育事业发展统计公报[EB/OL].(2023-07-05)[2024-07-15].www.moe.gov.cn/jyb_sjzl/sjzl_fztjgb/202307/t20230705_1067278.html.

六、其他

胡森.国际教育百科全书(第4卷)[K].贵阳:贵州教育出版社,1990.408.

后　记

　　伴随工业化的转型发展和新型工业化的推进,高等专业教育模式也在不断革新,从学生的角度而言,学生自身的学习观、价值追求、学习行为及学习投入等也在不断地发生变化。专业教育模式的调整与学生主体特质交互而形成了具有时代性和区域性的大学生学习实践模式,而学习实践模式又与学生的学习收获和学习成果相通,因此,不断地调整及建构新的学习实践模式对于提升大学生学习收获及成果具有重要的价值,这也是本书的主要出发点和最终落脚点。

　　大学生的学习实践模式是主体与学习环境交互的结果。对大学生学习实践的探索至少有三个维度:其一,大学生作为主体,以主体自身的属性、认知特点、人格特质、主体间的差异等作为开展大学生学习实践研究的重要切入点。从这个维度对大学生学习实践的研究侧重于心理及行为层面的研究。其二,以学习环境为切入点而展开的研究。学习环境具有多层次、多维度的属性。从层次而言,宏观的高等教育管理体系、高校的育人环境、学科专业特有的属性特点、课程以及课堂的学习环境等,都可以作为探究大学生学习实践的切入点。其三,以大学生的学习实践作为切入点开展大学生学习研究。实际上,任何实践活动都是主体与客体的交互,这种主客体之间的交互包含了主体客体化与客体主体化,这就意味着主客体的交互具有丰富的形态。对于大学生的学习实践同样如此,大学生主体与外部学习环境的交互将产生丰富的学习实践形态。而依据"类故理"的框架,丰富的学习实践形态若进行抽象化处理将产生类型或类别,而不同类型和类别的学习形态将生成不同的学习结果或学习收获,交错融合而蕴含着学习实践过程理论或规律。

后 记

　　本书着力从大学生主体与外部学习环境交互的立场探究，试图挖掘大学生学习实践的类型，即本书的主题——大学生学习模式。作为学习主体，大学生的价值追求、认知结构和人格特质等既具有人的"类本质"，也具有鲜明的时空特点和生命阶段特点。而作为与大学生相对的外部学习环境，则同样具有鲜明的时空特点和组织特点等。高校作为承担人才培养职能的社会组织，建设高质量的专业教育模式和人才培养体系是实现人才培养职能的重要途径，是人才培养职能"由虚向实"的现实举措。因此，专业教育模式和人才培养体系成为贯通高校人才培养职能与学生学习实践的枢纽和桥梁，在此框架之下的课程教学体系、课堂教学过程、毕业要求及学位授予标准等构建形成了专业教育制度体系，也绘制了大学生学习实践的制度基础。然而，在以规范的制度体系为基础的专业教育框架之外，存在着非正式的学习空间，比如宿舍和丰富的网络资源。特别是随着网络资源及数字教育资源的不断丰富，非正式学习空间不断拓展、非正式的学习正在与制度框架之内的正式学习并驾齐驱。在对学生主体性、培养体系各自范畴以及二者交互而形成的学习模式进行理论辨析的基础上，本书应用量化研究方法开展，将学生的学习实践进行归类并抽象，从学生主体出发分为自主学习与合作学习，并将学习环境归纳抽象为教师教学、制度环境、后勤资源和人际关系，而学生的学习实践又不仅是制度要求，还受到自身学习信念的影响，或者说是自身学习信念的现实表象。而特定的学习实践或学习模式必然产生相应的学习收获，进而应用统计方法探究学习模式各要素对学习收获的影响。量化研究发现，基于学生自身的学习信念、学习投入以及对学校环境的感知等，形成不同的学习模式类型，不同学习模式类型又对应着不同的学习收获。进一步应用回归分析发现，学习模式的构成因素之间具有相关性，并且学习模式构成因素对学习收获具有重要影响，尤其是学习投入，对学习收获的影响最为凸显，相比于自主学习投入，合作学习投入对学生学习收获的影响更为明显。量化研究的固有的抽象性具有其固有的优点，可以将具体的学习实践活动和多样的外部学习环境进行归纳抽象，进而进行统计分析，这种研究范式在具有鲜明的理性特点的同时，也忽略了丰富鲜活具体的实践活动，进而通过访谈的方式将抽象的统计分析转化为鲜活具体的学习实践和生动的学习过程形态。

整体审视本书，注重从主客体交互的视角开展研究，既注重自上而下构建的专业教育体系及人才培养模式，又注重自下而上的学生学习信念和学习行为，更注重学生主体与学校环境的交互而生成的学习实践，具体表现为个体形态和群体多样化的学习模式，而现实又指向于不同的学习收获。就研究结论而言，本书的结论与已有的大学生学习投入及学习策略的研究具有一致性。未来对于学生学习模式的研究，一方面，要注重研究范式的整合性，将量化研究的抽象理性与质性研究的具体鲜活性结合起来，既探究大学生学习过程的一般规律，又通过丰富的学习行为和不断拓展的学习环境展现时空的特点与新进展。另一方面，要尤其注重在网络教育资源和数字教育资源逐步丰富的学习环境下，传统教育体系面临的挑战以及大学生学习实践、学习模式的新形态。伴随着在线网络资源、数字教育资源的越发丰富，以及虚拟现实的迅速发展，一个与现实世界并行的虚拟世界正在建立，这将改变现有的教育体系，拓展教育的内涵和外延，这对于作为交互体存在的大学生学习模式而言同样会是一场变革，虚拟的网络世界和数字教育资源能给学生学习实践以及学习收获水平的整体提升带来革命性的影响。这对于办学者、教育管理者、教师、学习者、研究者而言，都是全新的机会和挑战。新的时代、新的教育资源、新的教育体系、新的教育局面、新的教育生态以及新一代的大学生必然生成更为丰富的学习实践、学习模式形态，这为研究者提供了全新的研究领域、全新的研究主题和广阔的施展空间。"这是一个需要理论而且一定能够产生理论的时代，这是一个需要思想而且一定能够产生思想的时代。"

最后，感谢厦门大学出版社的编校老师们为本书出版的辛勤付出。

2024 年 8 月
于天津大学北洋园